Segunda oportunidad

La historia de un padre de la NBA

Marvin Williams

Segunda oportunidad
La historia de un padre de la NBA

Primera edición: 2023

ISBN: 9781524318611
ISBN eBook: 9781524328634

© del texto:
Marvin Williams

© de la maquetación, el diseño
y la producción de esta edición : 2023 EBL

Quedan prohibidos, dentro de los límites establecidos en la ley y bajo los apercibimientos legalmente previstos, la producción total o parcial de esta obra por cualquier medio o procedimiento, ya sea electrónico o mecánico, el tratamiento informático, el alquiler o cualquier otra forma de cesión de la obra sin la autorización previa y por escrito de los titulares del copyright.

A mis seres queridos,

Marvin Williams Sr.

Prólogo

Me crucé con Marvin Williams, Sr. hace muchos años a través de su suegra, Barbara Phillips. Ella es miembro de la iglesia que lidero y trajo a su hijo y su nieto, Marvin Williams, Jr. cuando era joven. También oficié su boda con Andrea Gittens, la madre de Marvin Jr. Mientras leía este libro, reflexioné sobre ver a Marvin Williams, Jr. jugar al baloncesto con sus amigos mientras crecía e imaginé que su padre jugaba con la misma pasión cuando era joven en la escuela secundaria y en la universidad. Como dice el adagio, "la manzana no cae lejos del árbol". Impulsado por el mismo deseo de grandeza que su padre, Marvin Williams, Jr. creció hasta convertirse en la segunda selección general del *Draft* de la NBA de 2005 y actualmente es un ala-pívot de los Charlotte *Hornets*.

Marvin Williams, Sr. se crió en una época marcada por las desigualdades raciales y las injusticias sociales, una época en la que las pandillas comenzaban a ser omnipresentes y un futuro sombrío era casi seguro. Fue criado sobre una base inestable por padres alcohólicos donde lo único confiable era la inestabilidad. Había muchos caminos que podía tomar mientras crecía, pero casi todos eran dudosos, lo que lo obligó a mirar hacia adentro, alimentado por la pasión y la esperanza de algo mejor para él y su familia. Parece que el baloncesto fue la única constante en su vida, ya que cada camino que eligió volvió al deporte. Ha experimentado el pináculo de las esperanzas y los sueños de todos los padres, que es ver a nuestros hijos convertirse en un gran éxito. Su vida actual eclipsa sus modestos comienzos. Criado en una familia de aparceros, ahora se codea con la élite de la NBA. Marvin tuvo que luchar con la decepción de no realizar sus propios sueños de convertirse en una estrella de la NBA solo para darse cuenta de que a veces nuestros sueños se cumplen a través de nuestra descendencia creando un legado para las generaciones futuras, y eso no es una decepción en absoluto.

Marvin Williams, Sr. es un hombre extraordinario cuyo incansable apoyo a su hijo se complementa maravillosamente con su humildad. Palabras como tenacidad, resiliencia e impulso me vienen a la mente cuando pienso en él. Su historia es de triunfo y demuestra que no importa cómo empiezas, sino cómo terminas. Utiliza su plataforma para animar a otros a través de sus discursos motivacionales y sus esfuerzos filantrópicos. Este libro es una lectura obligada para cualquier persona que alguna vez haya enfrentado la adversidad o la experiencia desalentadora de un sueño frustrado. De acuerdo con el tema de este libro, nuestras vidas son, en última instancia, como un equipo de baloncesto. Hay muchos jugadores, y algunos están en nuestro equipo y otros en el lado contrario. Hay multitudes en las gradas animándonos y otros esperando nuestra desaparición. Este libro es un recordatorio de que, independientemente de lo que el mundo piense de ti, son los pensamientos de Dios sobre nosotros los que finalmente prevalecen. Solo tenemos que seguir adelante, seguir intentándolo y seguir creyendo.

Obispo Lawrence Robertson
Pastor Principal, Iglesia Apostólica Emmanuel
Presidente, Agencia de Desarrollo Comunitario
New Life - Sede del Centro Marvin Williams

Introducción

¡Cuatro segundos! Bájala. Colócala. Point la tiene. Se está tomando su tiempo, bajándola y observando la cancha. Está bien cubierto, están perfectamente emparejados. Ambos miden 1,90 m, son rápidos, y ambos tienen esa visión global sobre lo que está pasando en todas partes, incluso detrás de ellos. Usan la defensa individual y el base está cubierto. Me escapo a la parte alta del juego y él me la lanza. Cuatro segundos. Eso es todo. Eso es lo único importante. No puedo preocuparme por mi familia y sus necesidades. No puedo pensar en cómo me duele la espalda después del duro entrenamiento de anoche, ni en el ahogo que experimento mientras mi pecho se agita para conseguir el aire necesario para vivir, ni en los nervios antes de este set, que me llevaron a pensar que no podría jugar. Todo lo que tengo son estos cuatro segundos.

Tres segundos. Giro a mi izquierda con las piernas abiertas, casi en cuclillas, mientras la recibo. Estoy en el extremo de la formación, y como la tengo, veo los cuerpos que se desplazan en mi dirección. El cambio en el impulso de mis adversarios, que vienen hacia mí, me obliga a variar mi movimiento en una fracción de segundo, para evitar que me alcancen antes de abrirme y soltarla. Me acucia la necesidad de respirar, de concentrarme, de cumplir con mi misión. ¿Tendré éxito? Los segundos vuelan.

Dos segundos. Junto los pies antes de saltar en el aire. Toda la fuerza que he generado sube ahora por mi cuerpo hasta los brazos que la sostienen, se trasmite la energía a la punta de mis dedos. Todos los demás momentos de mi vida me han conducido a éste. Estos dos segundos son todo lo que tengo. Cuando la lanzo, impulsada al aire por las puntas de mis dedos hacia el aro, lo he concentrado todo en ella. He puesto toda mi mente, cuerpo y alma en su propulsión. No puedo hacer más. He aportado todo lo que tengo en este tiro.

Un segundo. ¡Ahora vuela en dirección al círculo de mi vida! El círculo es mi enemigo y mi amigo. Es mi confidente y mi adversario. El círculo me ha traído mis mayores triunfos y mis peores derrotas. Confío en el círculo lo suficiente como para saber cuándo está de mi parte y cuándo me rechazará con todas sus fuerzas.

¡Limpia! Hoy es mi día. Hoy, en este momento, espero desnudo, solo mi yo vulnerable, porque todo lo que he dado vuelve a mí, cerrando el círculo.

Somos afortunados. Los que hemos encontrado un lugar donde ejercer nuestras pasiones. Los que aceptamos intencionadamente el viaje de la vida a través de nuestras pasiones. ¿Alguna vez te has parado a mirar eso que amas y a apreciar cómo parece reflejar tu vida? En tus pasiones has reído y llorado, has rezado y te has sacrificado. Has esperado de ellas cierto resultado, cierta aceptación, mientras afloraban tus inseguridades más íntimas. En tus pasiones también has visto cómo tus hijos crecían y se desarrollaban, tanto si seguían como si no tus pasos, y compartían (o no) tu mismo camino. Esta es una historia sobre como he podido encontrar a Dios, la vida y el amor a través de mi pasión y sobre este viaje vital mío que perdura en las semillas que he plantado a lo largo del camino.

Cada paso dado en mi vida ha reflejado esa jugada de cuatro segundos. En ellos consiste nuestra existencia: ¡segundos! En un instante, tomamos decisiones que afectan no sólo a nuestras vidas, sino también a las de todas las personas de nuestro entorno. Decidimos si queremos comer sano o no tan sano. Decidimos en segundos si vamos a comprometernos de por vida con esa persona o con otra. Decidimos si vamos a arriesgarnos a hacer algo que da miedo, como reintentar aquello en lo que hemos fracasado antes.

Segundos es todo lo que tenemos, así que tenemos que vivir y reconciliarnos con las consecuencias de esas decisiones instantáneas. Ninguno de nosotros puede elegir cómo le va en esta existencia humana. Sin embargo, hay un momento en nuestras vidas en el que no sólo podemos elegir, sino también decidir por qué carril vamos a correr.

Siempre he estado contento con aquella tajante decisión que tomé siendo muy joven, la de elegir vivir en lugar de dejar que la vida eligiera por mí. No siempre entendí que eso era lo que estaba haciendo, pero cuando recuerdo y valoro las decisiones que he tomado, algunas geniales y otras muy, muy malas, sí puedo decir que era yo quién dirigía mi vida con ellas. En cada paso del camino, elegí seguir mis pasiones e hice todo lo posible para verter lo que mis decisiones y elecciones me habían enseñado en las vidas de quienes he tenido la bendición de conocer y tratar.

Capítulo 1

Nueva York, 1964

Nací Marvin Gaye Williams, uno de los ocho hijos que tuvieron mis padres. Se ha dicho que la década de los sesenta fue la mejor época de la historia de los negros estadounidenses y, en muchos sentidos, no es difícil entender por qué no es tan exagerado, sobre todo si se compara con la actualidad. Piensen en ello. Los años sesenta proporcionaron *liderazgo a* los negros. El tipo de liderazgo del que seguimos hablando hoy en día. ¡Demonios!, el tipo de liderazgo que dio lugar a fiestas nacionales y a una nueva forma de considerar nuestro propio valor como personas negras en América. Malcolm X, Martin Luther King Jr., Muhammad Ali y los Panteras Negras: estas son las leyendas con las que recuerdo haber crecido y los nombres que sonaban en nuestras casas, en las calles y marcaban el estilo de nuestras vidas y luchas.

En muchos sentidos, mi primer hogar marcó la pauta de muchos de mis primeros esfuerzos y logros, por no hablar de las condiciones de vida subyacentes de entonces. Crecí en Legion Street, en Brooklyn, muy cerca de nuestra escuela de educación primaria, la 156. Vivíamos en un edificio de piedra rojiza, de los que llamaban *brownstone*. Tenía tres plantas con varios apartamentos en cada una y todas las familias se conocían. En mi piso de la primera planta, que daba a la trasera del edificio, vivíamos ocho personas: Mamá, mis hermanos Harvey, Jeffrey y Bradford, el bebé, yo y mi hermana Theresa. Mi padre trabajaba en Long Island, en un programa de cocina para un judío muy simpático, pero venía a casa los fines de semana.

Entre las familias de nuestra comunidad en el *brownstone* estaba la familia musulmana del primer piso. Yo iba al colegio con sus hijos y, los domingos a veces iba con ellos a la mezquita de Harlem, donde nos sentábamos todos juntos en una gran sala, todos en el suelo, sin sillas ni nada, escuchando el mensaje emitido desde un tocadiscos situado en la cabecera de la sala, sobre una mesa vacía. Aquel tocadiscos se situaba como el pastor en otras iglesias y era la única voz de la sala. En aquella época, el mensaje de Elijah Muhammed había sido difundido por algunas personas famosas, como Malcolm X.

Recuerdo acudir corriendo a casa de aquella familia musulmana cuando necesitaba alejarme de la locura de mi propia familia. Era joven pero curioso (los negros me llamaban *fisgón*) y me gustaba mucho relacionarme con la gente. Recuerdo que me encantaba aprender en la escuela y también de personas cuyas vidas parecían diferentes a la mía. Por eso me llamaba la atención aquella familia musulmana, tan diferente a la mía, donde siempre me recibían bien y me dejaban quedarme un rato. Recuerdo que una chica musulmana me hizo mi primer *piercing* en la oreja con solo ocho años.

Otro vecino, al que yo llamaba señor Kelly, era profesor de kárate, y recuerdo lo mucho que me impresionaban sus habilidades. Nos parecía increíble saber que había estudiado y entrenado con Chuck Norris. Mi padre le pidió una vez que nos enseñara kárate a mi hermano y a mí. Acudíamos a casa de nuestro nuevo profesor de kárate y aprendíamos algunas técnicas. Recuerdo lo divertido que era jugar con todo su equipo, sus *juguetes* desde mi punto de vista.

Recuerdo mi vida en Legion Street como una época en la que se permitía a todo el mundo meterse en los asuntos de los demás porque eso contribuía a la seguridad común. Si un niño estaba haciendo el tonto en medio de la calle, cualquier padre del barrio podía salir y tirarle de la oreja, zurrarle con una vara conseguida en el árbol más cercano y luego llevarlo a su padre, abuelo, tía o tío para informarles de que se estaba portando mal. Todos los chavales de la cuadra sabían que si un vecino los veía portándose mal en la calle y los llevaba de la oreja a su familia, el castigo que recibirían de ésta sería el doble de doloroso. Recibirían una paliza porque habían hecho algo malo y otra porque habían avergonzado a la familia. Todos sabían que era mejor portarse bien o al menos aparentarlo. Todos los miembros de la comunidad se apoyaban, se protegían, se cuidaban mutuamente porque, por lo general, todos estaban en la misma o similar situación: familias con padres que trabajaban o intentaban trabajar para sobrevivir. Para bien o para mal, algunas de las mejores lecciones de mi vida vinieron de la mano de estas duras condiciones de vida.

Entonces la comunidad era real. Todos los domingos, como un reloj, toda la familia se congregaba en la entrada del edificio, a modo de reunión familiar. Estas reuniones no solo se celebraban en mi familia, sino en la mayoría de las familias de nuestras comunidades. En mi caso, asistíamos mi madre y mi padre, mis hermanos, mi hermana, mis primas Madeline y Marie, mis tías Pearl, Mary y Thelma y a veces también mis tíos, Rudy y Kirby Lee, que vivía en Filadelfia (Pensilvania). Siempre parecía que había comida suficiente para alimentar a todo el edificio. Comida de esa que hace que una familia negra se reúna una y otra vez: macarrones con queso, jamón, verduras, alubias cocidas, pan de maíz y mucho más, todo cocinado a la perfección y rematado con todos los pasteles y tartas imaginables.

Uno de mis recuerdos favoritos del lugar, uno que realmente define cómo funcionaban estos barrios *brownstone* de Brooklyn, es lo que me gusta recordar como *las grandes guerras de las palomas*. Verán, todos estos edificios (o la mayoría de ellos) tenían azoteas abiertas, y la mayoría de las azoteas contaban con un palomar. Volar palomas se convirtió en algo muy nuestro, algo para conseguir que nuestro padre estuviera orgulloso de nosotros. Funcionaba así: mi padre iba y nos compraba, digamos, media docena de palomas mensajeras, y las teníamos en el palomar durante un tiempo para que se acostumbraran a nosotros y a su color. La clave era el color. Nuestro palomar estaba pintado de azul brillante. En un edificio a dos calles de distancia podía haber otro rojo brillante por dentro y por fuera. Los pájaros asociarían el color al de su bandada. Y aquí es donde la cosa se ponía divertida: había que estar atento para ver cuándo el vecino dejaba salir a volar a sus pájaros. Subíamos y soltábamos a nuestra bandada cuando sus palomas se acercaban, dejábamos que se mezclaran y silbábamos para que volvieran a casa. Si tus pájaros eran más listos que los suyos, arrastraban a toda la bandada mezclada de vuelta a tu palomar. Así que, de repente, podías quedarte con todos los pájaros o perderlos todos por culpa de pájaros más listos y de ese silbido del adiestrador.

Donde ahora se levanta el estadio de los New York Nets había un mercado donde vendían palomas vivas. Mi padre nos compró unas diez palomas. Las tuvimos un par de meses, entrenándolas para que reconocieran nuestro palomar azul. El sobrino del puertorriqueño que tenía la tienda en la esquina competía con sus palomas. Durante una competición, perdimos todas las palomas contra este tipo, y mi padre nos amenazó con que sería la última vez que nos compraría palomas. Ya fuera por nuestra desesperación o por pura suerte, la siguiente vez que competimos con él, nos llevamos sus sesenta palomas. Mi padre tuvo que construirnos un palomar más grande. El tío puertorriqueño tanteó a mi padre, pidiéndole que le devolviera sus pájaros. Mi padre contestó a aquel tipo:

—Ya conoces las reglas. ¡Si hubiéramos perdido no nos devolverías nuestros pájaros!

Estaba rodeado de familia. Tenía a mi madre y a mi padre, a mis hermanos y a mi hermana, a mi tía Thelma, que vivía en el bloque de al lado, y a mi tía Pearl, que vivía con su marido, Rudy, no muy lejos de nosotros. Iba al colegio con mis primas Madeline y Marie, y mi tía Mary siempre estaba pendiente de enseñarnos lo que Jesús tenía que decir sobre cualquier cosa que hiciéramos bien o mal. A pesar de todos los desafíos en nuestras vidas, teníamos amor. Mis padres desempeñaron un papel importante en mi existencia, pero tardé toda una vida en ser capaz de valorar con retrospectiva, como un hombre adulto, aquellas lecciones y dinámicas en toda su extensión. Las familias negras conservan una larga tradición, buena o mala, de no abrirse realmente los unos a los otros. Rara vez los adultos de las familias negras comparten sus experiencias pasadas en cuanto a sus relaciones, los abusos, los trastornos mentales, los secretos familiares o cualquier otra cosa. Esto implica que, de niño, ves los resultados finales de decisiones y problemas pasados, pero no conoces sus causas. Mis hermanos, hermanas y yo no estuvimos la mayor parte del tiempo en situación de entender, lo que nos llevó a pensar que todos los problemas por los que pasaban nuestros padres eran, de alguna manera, culpa nuestra.

Mis padres estuvieron juntos durante cuarenta y un años. Nunca se casaron y nos tuvieron a todos sus hijos yendo y viniendo de Carolina del Norte a Nueva York. Aunque duela decirlo, ambos eran alcohólicos. Creo que mis padres se querían y que, de alguna manera loca pero estupenda, estaban hechos el uno para el otro. Las circunstancias que les llevaron a formar una familia durante cuarenta y un años sin formalizar su unión derivan de una mierda generacional, cultural y económica que era lo que había: ¡la verdad en la comunidad negra! Era una de las consecuencias de cientos de años de esclavitud en el Sur. Miles de familias destrozadas: padres y madres tienen hijos, luego la madre o el padre son arrancados de una plantación y vendidos a otra, donde se forman nuevas familias. Miles de años en los que hombres y mujeres tuvieron que endurecerse en el amor y la familia. Una dureza que entumeció tanto a hombres como a mujeres hasta hacerles creer que está bien que los hombres tengan varias familias. Una dureza que adormeció a mi madre, o tal vez a la esposa de mi padre, para que aceptara que mi padre tuviera diecinueve hijos y mantuviera dos familias separadas.

Mi padre fue un hombre fuerte que luchó toda su vida, afrontando tanto lo que la vida le deparaba como las consecuencias de sus propias decisiones. Finalizó el sexto curso de primaria y nunca dio mucha importancia a los libros ni a ese tipo de educación. Pero era uno de los hombres más inteligentes que he conocido. Tenía un doctorado en inteligencia callejera. Si existía la más mínima posibilidad, él sabía aprovecharla. Si alguien merece el título de *chico para todo*, ese es mi padre. Fue mecánico, conductor de tanques en el ejército, cocinero, manitas, panadero y casi todo lo demás en algún momento de su vida. Luego, por supuesto, estaba aquel programa de cocina de Long Island, que todos los hermanos veíamos por televisión y que nos hacía sentirnos orgullosos de él. Recuerdo que le encantaba cocinar, aunque en realidad se enorgullecía mucho de todo lo que hacía porque todo se le daba muy bien.

Mi padre creció en Chinquapin (Chinkapin, Carolina del Norte). Su padre era un hombre duro, lo que a su vez le hizo duro a él. Creció en una familia pobre. Solía hablar del hambre que pasaba de pequeño. Él y sus cinco hermanos iban a la escuela y a la iglesia en un mismo edificio. Estaban todos juntos en la única clase de aquella escuela-iglesia, como en *La casa de la pradera*, aunque no exactamente igual, porque él era negro. Solía comentar que para ir a la escuela y a la iglesia tenía que apretarse a fondo el cinturón para que no le gruñera el estómago. Mi padre creció en una época en la que la aparcería (o el paso siguiente a la aparcería) era el sistema de las familias sureñas para criar a los niños. La mentalidad esclavista estaba viva y era real, ya que muchos de los hombres de la familia habían sido esclavos de niños. La familia trabajaba para los blancos y la esperanza era un bien escaso.

Recuerdo una historia que me contó mi padre, sobre él y su hermano Kirby Lee, que resume lo duro que era mi abuelo con mi padre. Mi abuelo, al que no recuerdo haber conocido, se emborrachaba por la noche y se quedaba dormido. Mi padre y mi tío querían aprender a conducir, así que se escapaban de casa cuando mi abuelo se quedaba dormido. Robaban el coche y, con mi padre al volante, mi tío empujaba la camioneta por el camino de tierra para poder practicar la conducción. En una de aquellas lecciones, estrellaron la camioneta contra un pozo de agua. Hay que tener en cuenta que conducían en la oscuridad, únicamente con la luz de los faros de la camioneta. Cuando mi abuelo se enteró y echó mano de mi padre y mi tío no medió palabra alguna, sólo gritos y aullidos según el abuelo los sacudía a los dos. Creo que entre las palizas y la falta de muestras de afecto, ya que ni mi abuelo ni mi padre daban ningún valor a los abrazos ni a las caricias, mi padre se volvió duro como una piedra.

La familia de mi padre era muy interesante. Mi tía Pearl (la benjamina de la familia) trabajó para Macy's en Nueva York durante más de veinte años. Recuerdo ir con ella a todos los desfiles de Macy's de Navidad y Acción de Gracias. Era una mujer muy guapa con la que pasé gran parte de mi juventud. Casi todos los días, después del colegio, tía Pearl venía a buscarme a Legion Street y yo pasaba la semana (o el fin de semana) con ellos. Su marido, Rudy, también era un hombre increíble (pero muy extraño). Era fontanero de profesión y me enseñó muchas lecciones valiosas mientras crecía. Me enseñó el valor del amor y del trabajo duro, y mis fines de semana con él siempre eran emocionantes. A veces trabajábamos en sótanos oscuros y malolientes arreglando las tuberías de la gente. Tía Pearl y tío Rudy adoraban a sus perros. Lo malo de vivir con ellos era que yo me encargaba de limpiar la habitación donde estaban todos los perros: tenía que retirar los periódicos sucios usados y poner una capa nueva. A cambio, ella me pagaba algo de calderilla, aunque recuerdo que el tío Rudy opinaba que si comía su comida y dormía en su casa, cuidar de los perros era justo pago por pasar allí la noche y alimentarme.

Mi padre también tenía otra hermana, la tía Mary, que vivía en la ciudad. Todos vivíamos cerca. La tía Mary era muy religiosa, así que cuando venía de visita, toda la familia dejaba de beber y de jugar porque si no lo hacías, te endosaba una buena parrafada de la palabra de Dios. Mi padre también tenía un hermano mayor, Kirby Lee, que vivía en Filadelfia (Pensilvania). Apenas venía, pero cuando lo hacía, todos los niños sabíamos que algo en la familia había ido mal y que él estaba allí para arreglarlo. El tío Kirby Lee no levantaba la voz ni era engreído. De hecho, de niño, apenas le oía hablar. Era de esas personas que cuando intervenían, sabías que algo andaba mal. Me encantaba porque no se parecía en nada a mi padre: era un visionario. Siempre venía en verano para intentar que mi padre nos llevara a algún sitio divertido (como

Las Vegas o Disneylandia), pero mi padre nunca lo hacía. Mi padre creía en el trabajo duro y en comprarnos las cosas que, a su juicio, necesitábamos y las que servían para que aprendiéramos, como las palomas o los instrumentos musicales. Mi madre, en cambio, era muy aventurera. Creía que había que probarlo todo y pensaba que los niños debíamos conocer mundo.

La familia de mi madre era de lo que llaman el *Sur Profundo*, y algunos veranos íbamos a Carolina del Norte a ver a nuestros abuelos. A diferencia de Nueva York, allí en verano hacía mucho calor, había muchos caminos de tierra y letrinas. Es decir, que si tenías que ir al baño, no podías entrar en casa. Tenías que salir de casa para ir al baño. En aquel sur profundo de Carolina del Norte también había campos de tabaco. La familia de mi madre no era propietaria de plantación alguna, pero cuando visitábamos a nuestros abuelos, nos enviaban inmediatamente a los campos para empezar a cultivar. El tabaco era un gran negocio en la zona, con grandes empresas como R. J. Reynolds y los cigarrillos Marlboro. Pasábamos de ser niños de ciudad a agricultores del Sur Profundo con un solo viaje en coche.

El hedor de la segregación, el racismo y el odio estaba por todas partes en el sur. Despreciaba las actitudes y la tensión que se creaba cada vez que estábamos cerca de gente blanca. Incluso siendo niño comprendí el odio absoluto de los blancos cada vez que había un negro presente. No era solo de palabra: su odio se manifestaba en todo lo que nos decían a los negros y también en todo lo que nos hacían. En aquella época, los blancos sentían que los negros no eran iguales a ellos y que nuestro sitio estaba únicamente en las plantaciones de tabaco. Pasábamos mucho tiempo viajando al sur y de vuelta. Durante esos viajes, la revista Jet era una lectura habitual.

Jet era la revista semanal más leída en la comunidad negra, publicaba historias sobre personas negras de todos los ámbitos de la vida. Esta revista mostraba lo bueno, lo malo y lo feo de la difícil situación de la gente de color. Recuerdo haber visto en ella la foto de un joven soldado negro colgado de un árbol en Georgia. El soldado había vuelto a casa para visitar a su familia. Unos miembros del Ku Klux Klan, —grupo supremacista blanco— se lo llevaron y lo colgaron de un árbol. Esta foto tuvo un impacto tan importante en mi vida que la imagen sigue conmigo hasta el día de hoy. El racismo también formaba parte de nuestra cultura en Nueva York, pero no era tan abierto y cruel como en el sur. En Nueva York, todos parecíamos llevarnos bien con nuestros vecinos, independientemente de su raza, porque Nueva York era un gran crisol de culturas.

Mis abuelos eran extremadamente pobres y, al igual que usábamos aquellas letrinas externas para ir al baño, también teníamos que bañarnos en una tina de metal en el patio por la noche porque no tenían cañerías interiores. Había un punto positivo en ir a Carolina del Norte durante el verano. Cuando los niños no estábamos cosechando hojas de tabaco, me encantaba el campo: allí disponíamos de grandes extensiones de tierra para jugar. Mi familia se quedaba con nuestros abuelos durante un mes cada verano, tomábamos el sol, fortalecíamos los músculos de tanto cultivar tabaco y vencíamos cualquier miedo que pudiéramos albergar para aventurarnos a ir a la letrina cuando oscurecía. Al final del mes, todos nos subíamos al coche y volvíamos a la vida cotidiana de la ciudad de Nueva York. Recuerdo esta costumbre, verano acá y verano allá, hasta los diez años.

Capítulo 2

Nueva York, 1971

Con siete años ya estaba saboreando de verdad la vida real. A esa edad aprendí todo sobre la vida en las bandas, el verdadero significado de la amistad y la definición de pobreza. También aprendí otras cosas: a apoyarme en la familia, la realidad de ser negro en un mundo en el que existían los Panteras Negras y una introducción a las que se convertirían en mis pasiones para toda la vida. No sabes realmente si algo te va a robar el corazón hasta que se lo das. En una decisión de un instante, aprendí lo que significaba plantar una semilla en la vida de alguien.

Nunca hubo una época en la que Nueva York no tuviera problemas, pero entonces eran diferentes. Las bandas, por ejemplo, eran algo totalmente distinto. El lío de las bandas de hoy en día es horrible en todos los sentidos. Entonces, al menos parecía que había un código, un propósito más allá de inspirar temor y demostrar que eras más duro que el tonto de al lado.

No me malinterpreten: el territorio seguía siendo un problema. Cada banda reclamaba sus manzanas y las defendía, pero no con pistolas ni tiroteos al azar. Eso de que un niño inocente recibiera un disparo a través de la ventana de su habitación era algo inaudito, inimaginable.

Las bandas operaban en su territorio. Tú y tu grupo reclamabais una zona de las calles. Esta microcomunidad estaba controlada o gestionada por los líderes de la banda. Al igual que una empresa, las bandas tenían jerarquías y cargos, como un director general, un director de operaciones, los cargos intermedios y luego los trabajadores. En cada banda, todo el mundo tenía un trabajo asignado y un propósito central: proteger nuestro territorio, nuestra zona, nuestra corporación a cualquier precio. La banda también tenía un aspecto familiar. Los miembros de las bandas eran generalmente chavales oriundos del territorio que, o bien no tenían familia, o la que tenían no se preocupaba por ellos. En tu banda siempre recibías cariño y respeto, a la vez que aprendías sobre la vida desde la perspectiva de la banda.

Dos de mis mejores amigos de primaria, Tony y Montgomery, tenían tíos pandilleros. Las bandas, en cualquier caso, se enfrentaban siempre con el mismo problema: sus miembros seguían viviendo en los barrios marginales y eran muy pobres. Una de las principales bandas de Brooklyn, los Marcy Projects, provenían del mismo entorno en el que creció Jay-Z, los. Los miembros de las bandas y las personas a las que protegían seguían teniendo que buscarse la vida a duras penas. Recuerdo una visita a casa de Tony un día que su tío no estaba. Fui allí con mi padre porque, como comunidad, si veíamos un problema con alguien, interveníamos y ayudábamos en lo que podíamos. Recuerdo que mi padre le preguntó a Tony por su tío, cuándo lo había visto por última vez y si tenía comida. Tony respondió a mi padre que tenía comida y que estaba bien. Creo que los dos teníamos unos seis o siete años por aquel entonces. Fui a la cocina de Tony para comprobar si de veras tenía qué comer. Abrí los armarios de la cocina, y todo lo que vi fueron latas y latas, apiladas hasta arriba, de comida para perros ALPO. Nada de alubias ni sopa, ni arroz ni pan, ni leche ni mantequilla en el frigorífico, solo comida para perros, y Tony no tenía perro.

Ese día aprendí lo que significaba realmente ser pobre. Comprendí lo mal que lo pasaba la gente. Te esfuerzas, trabajas, apenas consigues sobrevivir y, aun así, lo mejor que puedes hacer es alimentar a los niños bajo tu tutela con comida para perros. Aquello era pobreza de verdad.

Hoy en día, cuando hago memoria y veo cómo el Partido de los Panteras Negras fue retratado como una banda o un grupo terrorista doméstico, me cabrea. En realidad, los Panteras Negras no eran ni una banda ni un comando terrorista. Eran simplemente un grupo que veía en la comunidad negra problemas que el gobierno no podía entender y para cuya solución no aportaba fondos. En lugar de esperar a que otro arreglara las cosas, los Panteras Negras los solucionaron. El Partido de los Panteras Negras que yo conocí proporcionaba recursos, información y programas de desarrollo para las comunidades desfavorecidas. En mi comunidad, luchó para que los niños tuvieran programas de almuerzos de verano en todo el vecindario. No les preocupaba la raza cuando se trataba de los desfavorecidos, excepto por el hecho de que la mayoría de los niños desfavorecidos de las comunidades que yo conocía eran los niños negros.

El Partido de los Panteras Negras también utilizó la fuerza y la inteligencia de sus miembros para luchar contra las injusticias. En mi barrio, vivimos un caso así: la actuación de una anciana blanca provocó disturbios. Salías a la puerta de la calle y casi podías saborear el humo de las cenizas del incendio que se había declarado durante la noche. Cuando caminábamos hacia la tienda de la esquina, no nos sorprendía ver un enorme autobús urbano volcado en la calle. Podíamos oír el ruido metálico de las cadenas o las palancas durante los combates nocturnos que se entablaban frente a nuestras ventanas. La violencia de cada noche, una reacción motivada por la frustración, la ira y la indignación de la gente por las injusticias civiles, una vez más contra las comunidades mayoritariamente negras. Mis padres temían por nosotros, los niños, cuando caminábamos por la calle hasta la tienda de la esquina para comprar lo que fuera, porque podía pasarnos cualquier cosa desde el momento en que bajábamos las escaleras de la casa de piedra rojiza y pisábamos la acera hasta que volvíamos a casa.

Aquel caso fue sonado: un chaval negro, al que aquella anciana conocía del vecindario, solo intentaba ganarse un dinero extra. Se ofreció a sus vecinos para cualquier tarea o trabajo fuera de lo ordinario, a cambio de dinero. Uno de sus clientes fue esta anciana blanca, que necesitaba que le limpiaran el sótano. Era muy mayor, su marido había fallecido y no podía limpiar los trastos del sótano ella sola. El joven y la anciana llegaron al acuerdo de que ella le pagaría por ir a su casa después de clase para limpiar y organizar el sótano. Como la anciana tenía problemas para bajar las escaleras, indicó al joven que no tenía que entrar por la puerta principal para acceder al sótano, sino que podía usar las escaleras y entrada del lateral de la casa.

El chico acudió al domicilio de la anciana al cabo de un par de días e hizo lo que le habían mandado. Bajó las escaleras laterales de la casa de la anciana hasta el sótano para entrar. Sin que él advirtiera nada, la anciana se asustó por los ruidos procedentes del sótano y pensó que se trataba de un ladrón que intentaba entrar en su casa. La anciana llamó a la policía y les dijo que alguien estaba intentando entrar en su casa por el sótano. Cuando llegó la policía, encontró al joven en el sótano con una escoba en la mano. No le preguntaron qué hacía allí abajo. Mataron al chico de un tiro con la escoba aún en la mano. Los polis no le dieron la oportunidad de explicarse, ni intentaron detenerle, ni siquiera tuvo oportunidad de soltar la escoba. No gritaron *manos arriba*. Vieron a un chico negro en el sótano de una mujer blanca y, sin remordimientos, lo mataron a tiros.

La ciudad se alborotó por este incidente, sobre todo porque todos en el vecindario sabían que la anciana había dado permiso al joven para trabajar en su sótano. Los padres del joven habían discutido el acuerdo con la anciana y dieron su bendición para que su chico trabajara para ella. El departamento de policía era tan corrupto que, incluso cuando la anciana se presentó y admitió que había olvidado que había dado permiso al joven para trabajar en su sótano, intentaron simplemente ignorar la situación. Durante más de una semana hubo disturbios en la ciudad. Se volcaron autobuses, hubo muertos y heridos por disparos, las emociones estaban a flor de piel mientras la esperanza de una nueva era de justicia para la comunidad negra estaba casi muerta. Eso fue hasta que el Partido de los Panteras Negras se involucró. Exigió y consiguió que se detuviera a esta mujer por su participación en el asesinato de un hombre negro inocente. En su descargo he de añadir que ella admitió su delito con un alto sentido de culpabilidad personal. Sin embargo, sin la intervención del Partido, esta injusticia se habría ocultado bajo la alfombra.

Abundan las historias sobre personas negras, especialmente hombres, acosados por la policía. Ojalá pudiera decir que los tiempos han cambiado desde los años sesenta y setenta, pero, por desgracia, esta es la mierda que hace que la gente negra y los seres humanos de verdad sientan asco de la policía y del abuso de poder. Esta es la mierda que te revuelve el estómago pero también te endurece ante la idea de que es la realidad diaria para tantos. Esta es la mierda que te hace sacudir la cabeza, sabiendo que no está bien, pero esta es la lucha de cada día. La lucha contra los ataques a las comunidades negras que continúa hoy en día. Es como una mancha en tu camisa favorita. Por mucho que lo intentes, nunca la ves desaparecer. Pero en la actualidad, la diferencia es que no hay organizaciones como los Panteras Negras a nivel nacional que, con objetivos nacionales unificados, intervengan para encontrar soluciones para cualquiera que sufra los ataques e injusticias que vemos a diario.

Como apunté antes, una de las mejores iniciativas que vi organizar al Partido de los Panteras Negras fue el programa de almuerzos de verano. Este programa estaba disponible en todas las comunidades de Brooklyn, y creo que cubrían casi todos los barrios de la ciudad de Nueva York y sus alrededores. Este programa de almuerzos de verano era muy importante para mí, porque creo que mi amigo Montgomery habría muerto sin él. Montgomery era uno de mis mejores amigos y, como Tony, era muy pobre. Montgomery solía venir a la escuela con la cara cenicienta. Parecía que se acababa de bañar pero nunca olía a colonia. Montgomery iba días enteros con la misma ropa y nunca tenía dinero. Durante el verano, en la pausa del almuerzo, nos íbamos a la tienda de la esquina. Mi madre me daba dinero y yo lo compartía con Montgomery, para asegurarme de que pudiera comprar conmigo algo que luego compartiría con su hermano y su hermana pequeños. Cuando comenzó el programa de almuerzos de verano de los Panteras Negras, Montgomery tuvo la oportunidad de alimentarse a sí mismo, a su hermano y a su hermana al menos una vez al día.

Ser amigo de Montgomery se convirtió en una de aquellas decisiones de un instante. De hecho, resultó que Montgomery fue el comienzo del viaje hacia mi gran pasión. Recuerdo cuando tenía seis o siete años y observaba a los chicos mayores jugar al baloncesto antes, durante y después del colegio. Me parecía genial, pero en aquella época yo era un empollón y me divertía más compitiendo con mi prima Madeline para ver quién sacaba mejores notas en el colegio. Me encantaba aprender cosas nuevas, incluso a esa edad. Sin embargo, un día, Tony me preguntó por qué no jugaba al baloncesto con nuestros amigos. Le dije que no me interesaba el juego, aunque parecía divertido. Tony me presionó para que le pidiera a Montgomery que me enseñara a jugar porque era muy bueno. Finalmente, tomé aquella decisión en un instante: acepté aprender a jugar al baloncesto con él.

Montgomery estaba entusiasmado por enseñarme a jugar, pero cómo y dónde me enseñó fue algo muy singular. Montgomery era el hijo mayor de su madre, por lo que yo sabía. Tenía un hermano y una hermana menores a los que cuidaba. A los seis o siete años, cuando terminaba el colegio, Montgomery tenía que volver directamente a casa a cuidar de sus hermanos. Verle vestir la misma ropa todos los días, sin poder usar colonia y sabiendo que apenas tenía comida para mantenerse con vida hacía que contemplar cómo se apresuraba a regresar a casa para cuidar de dos niños más pequeños fuera aún peor. Nunca había comida en su casa, así que presenciar cada día sus esfuerzos por reunir algo, lo que fuera, para llevarles era simplemente triste. Practicábamos baloncesto en el exterior de su casa, lo suficientemente cerca como para asegurarnos de que, si su hermano o su hermana necesitaban algo, él estuviera allí para cuidarlos. Así era de lunes a domingo, nunca vi a la madre de Montgomery. Hasta la fecha, no tengo ni idea de cómo es su madre, aunque frecuentaba su casa para tratar de ayudarle. Montgomery veía su situación como algo normal, igual que Tony, porque a una edad tan temprana, esa forma de vida era todo lo que conocían. ¡Todo lo que sabían era *p-o-b-r-e-z-a*!

Montgomery, a pesar de su situación familiar, fue un gran profesor de baloncesto. Aprendí a jugar al baloncesto porque era divertido jugar con él y con Tony. Me explicaba el baloncesto a la manera de los niños: la única forma de aprender es hacerlo. Hacíamos ejercicios y yo aprendía jugando porque ellos lo hacían divertido. Montgomery y Tony compartían pasión por los equipos profesionales de baloncesto y los jugadores, a los que les encantaba ver jugar. A Tony le encantaba Clyde *The Glide* y Walt Frazier, y los New York

Knicks eran nuestro equipo. Aprovechaba cualquier oportunidad para verlos en la tele e iba a jugar todos los días después de clase.

Recuerdo volver a casa después de jugar todo el día y presenciar la habitual pelea nocturna entre mis padres, que a veces era tan violenta que teníamos que quedarnos en casa de mi tía durante varios días. Mis padres se enzarzaban continuamente y estaban tan borrachos que no se preocupaban por nosotros. Cuando las peleas subían de tono y pasaban a las manos y los gritos, nos quedábamos vigilando la aparición de la policía en nuestra calle, porque los vecinos los denunciaban.

En 1971, Julius *Dr. J* Erving se unió a la Asociación Americana de Baloncesto (ABA) para convertirse en el jugador estrella del equipo profesional de baloncesto de los Virginia Squires. No pudo entrar en la NBA porque en aquella época se aplicaba una norma según la cual, para ser fichado, tenías que haber dejado el instituto al menos cuatro años antes. Empecé a centrarme de verdad en el baloncesto viendo jugar a Dr. J, era como un sueño de lo que quería para mí. Dr. J. era de Nueva York y hacía algunas cosas sobrehumanas con el balón. Sus manos eran tan grandes que podía sostener un balón de baloncesto en una de ellas como si fuera una pelota de tenis. Este increíble jugador de baloncesto se convirtió en mi ídolo, y seguí todos sus movimientos y su carrera durante el resto de mi vida.

Hoy puedo decir que si no hubiera sido por Dr. J, no habría sobrevivido en Nueva York. Mis amigos, a medida que crecían, empezaron a involucrarse cada vez más en actividades de bandas. Había muchas bandas en Nueva York: los Señores de la Guerra, los Discípulos, los Sangre Joven y los del Cinco por Ciento. También había versiones femeninas de cada una de estas bandas. Recuerdo salir un día del colegio y ver a una pandilla de chicas peleándose con otra pandilla de chicas mientras los chicos se peleaban entre ellos con cadenas. Aquello era muy sangriento y violento. Ese no era el camino para mí. Podía haber decidido seguir el camino de la vida pandillera, pero yo ya estaba huyendo de la violencia en mi propia casa. No obstante, podía haber seguido fácilmente el camino de las bandas. Pero a diferencia de mis amigos, mi destino y mis instantes de oro estaban felizmente ligados al baloncesto.

Capítulo 3

Con todo lo malo que tiene vivir en Nueva York, también hubo algunas cosas buenas: pude ver gratis a Mick Jagger en Central Park en una excursión escolar y el regreso de Willis Reed a los New York Knicks; y pasé mucho tiempo en el museo de Brooklyn, que era mi lugar favorito. Para un niño de los años setenta, Nueva York era un lugar estupendo para crecer. Mi familia, como Nueva York, era dinámica en lo bueno y en lo malo, y así eran todas las familias. Cada familia está marcada por los efectos de las decisiones de nuestros antepasados. ¿Tomamos la decisión correcta al traer hijos a este mundo que sabemos que no acepta nuestro origen étnico? ¿Tomamos la decisión correcta al trasladarnos a un lugar, a cualquier lugar, donde echamos raíces? Cada decisión que toma una generación afecta a la siguiente. Muy pronto, simplemente dejamos de considerar los efectos de las decisiones y nos limitamos a tomarlas lo mejor que podemos. Todas las decisiones tienen una consecuencia. Sólo es cuestión de saber en qué dirección nos lleva cada una de ellas.

Nueva York, 1972

Cuando mis amigos empezaron a integrarse cada vez más en las pandillas, mis padres decidieron que era hora de que nos mudáramos al interior de Brooklyn, de Legion Street a Flatbush y Rogers. La calle Flatbush y Rogers era algo más tranquila y apacible y con eso estaríamos más cerca de la hermana de mi madre, la tía Thelma. Mi madre y mi tía Thelma fueron cómplices desde muy pequeñas. Al crecer juntas, mi madre, que era una mujer dura y luchadora, se metía en peleas. Su hermana Thelma siempre estaba ahí para ayudarla en todo lo que necesitara. Quería a la tía Thelma con todo mi corazón. Tuvo tres hijos propios: una hija llamada Jackie y dos hijos. Bobby, el mayor, y Darnell, el menor, que murió joven. Al crecer, Bobby pasó la mayor parte de su vida entrando y saliendo de la cárcel. Jackie de adulta se convirtió en el pegamento de la familia a pesar de afrontar muchos problemas desde joven: salió con uno de los capos de la droga más conocidos de Nueva York. Un capo de la droga es básicamente el director general de su propia organización de narcotraficantes, aunque la venta de drogas sea ilegal. El narcotraficante tenía jefes, empleados (los traficantes a pie de calle), proveedores y vendedores. Jackie tuvo un hijo con aquel novio narcotraficante cuando sólo tenía diecisiete años. Por la gracia de Dios, que los ampara a ambos, ahora es una mujer increíble que no sólo cuida de su madre, sino también de su sobrina con necesidades especiales.

Aunque Flatbush y Rogers Street estaba a solo una hora de Legion Street, para mí aquello era un mundo aparte. Mudarse allí implicó muchos cambios. Tuvimos que volver a conocer a la gente de nuestro bloque. Allí fue donde conocí a unos hermanos gemelos, a quienes, como a mí, les encantaba divertirse con el deporte. Con ellos aprendí a jugar al balonmano después del colegio. Me encantaba ese juego. El balonmano es un juego al aire libre parecido al ráquetbol, salvo que usas la mano en vez de una raqueta. Este juego te obligaba a ser rápido, moviéndote de un lado a otro. Todos los días jugábamos al balonmano y luego al baloncesto, y aunque parece una locura, los dos deportes me ayudaron a mejorar en ambos. De vez en cuando, mi hermano Harvey y yo volvíamos al antiguo barrio de Legion Street para poder echar unos partidos con mi amigo Montgomery, que ahora jugaba al baloncesto en el equipo del colegio.

Cuando nos mudamos a Flatbush, mi padre dejó su programa televisivo de cocina y se colocó en una empresa de lavado de coches. Ahora que trabajaba más cerca de casa, podía pasar más tiempo con él. Cuando llegaba a casa, ponía música que nos encantaba a todos, como Marvin Gaye, The Temptations, The Jackson 5, The Manhattans y Aretha Franklin. Pero lo mejor que pinchaba mi padre era su colección de discos de Sam Cooke, que fue reuniendo durante diez años.

También en esta época de mi vida (creo que tenía unos nueve años) fue cuando mi padre compartió un secreto familiar con mi hermano Harvey y conmigo. Nos confesó que teníamos una conexión especial con los cantantes que escuchábamos, que siendo más pequeños habíamos podido ver a todos aquellos artistas en carne y hueso. Aquello nos pareció irreal, como si nos estuviera contando que habíamos tocado el corazón y el alma de aquellas grandes figuras aunque no lo pudiéramos recordar. Pero la realidad era mucho más terrenal: su hermana Pearl trabajó como taquillera en el mundialmente famoso teatro Apollo de Harlem, y nos dejaba entrar a todos al teatro para ver gratis todos los espectáculos.

De ahí viene mi nombre, Marvin Gaye Williams. Mis padres fueron a ver a Marvin Gaye al Apollo, estando mi madre embarazada de mí. Mientras la sedosa voz de Marvin Gaye resonaba en el teatro, adormeciendo a todos en un trance hipnótico, mi madre se puso de parto y aquella casualidad inspiró mi nombre.

Mudarnos a Flatbush y Rogers Street supuso un cambio, pero como seguíamos yendo al mismo colegio, no fue del todo malo. Nueva York tenía un sistema de vales de transporte para niños, los pases verdes, para ir a la escuela en los autobuses urbanos. El único problema consistía en que éramos niños. Perdíamos cosas todo el tiempo. Yo perdí mi pase de autobús más de una vez, así que mi hermano Harvey y mi hermana Theresa tuvieron que tirar de cierta creatividad, para asegurarse de que todos pudiéramos ir a la escuela o volver a casa, porque nuestros padres no estaban dispuestos a pagar nuevos pases de autobús cada vez que los perdíamos, lo que ocurría con frecuencia. Recuerdo que una vez mi hermana subió al autobús en una parada y yo corrí hasta la siguiente. Mientras la fila de pasajeros subía al autobús, mi hermana me pasaba su pase por la ventanilla y entonces yo también subía, enseñando el mismo bono como si fuera mío, y así íbamos al colegio. Los conductores se dieron cuenta de aquello, chafándonos el plan, así que pasé a usar el parachoques trasero: apoyaba los pies en él y agarraba con la mano la tapa del depósito. Lo hice durante un tiempo hasta que mi tío, que pasaba en coche, me vio de esta guisa y se lo dijo a mi padre. Mi padre me pegó en aquella ocasión como si hubiera robado algo, así que nunca le contaba nada cuando volvía a perder mi pase (no pocas veces).

Nueva York era una tentación irresistible para mí: desde Brooklyn podía tomar fácilmente el tren a Manhattan con mi bono de autobús. Nadie en el tren se preguntaba por qué un chico tomaba el tren en horario escolar, así que algunos días me saltaba el colegio y me desplazaba en tren a Manhattan. La única pega cuando me saltaba las clases era que tenía que estar de vuelta en Brooklyn, frente a mi colegio, a la hora de salida de clase, para que mis padres no se enteraran. Manhattan no se parecía en nada al actual. Manhattan en los setenta estaba lleno de proxenetas y prostitutas. Abundaban los locales de *striptease* y *peep shows* en los que cualquiera podía pagar 25 centavos por ver a mujeres enseñar partes de su cuerpo, a veces todo su cuerpo, a través de una ventana. Nadie echaba a los chicos, así que nos sentábamos en las bocas de incendio y veíamos a la gente salir de la escalera del metro y predecíamos qué tipos iban a entrar en los clubs de *striptease* en función de cómo andaban y miraban a su alrededor. Siempre me gustó observar a la gente.

¡Pero ojo al dato! Tenía que llegar a casa antes de que terminaran las clases para que no me pillaran haciendo novillos. Una vez no llegué a casa hasta cerca de las tres de la tarde, cuando de clase salíamos a las dos. Precisamente ese día mi papá me estaba esperando en la puerta de la escuela.

Fue subir al coche e inmediatamente mi padre me preguntó:

—¿Dónde estabas?

Siempre fui rápido de reflejos, así que respondí:

—Salí tarde del colegio.

Sí, ya sé que iba al cole con mi hermano Harvey y mi hermana Theresa, y que salíamos de clase todos a la misma hora, pero es que no le podía decir: *Me salté la escuela y me fui a Manhattan ¡otra vez!*

Mi padre no dijo ni una palabra más hasta que llegamos a casa. Salió del coche y le seguí hasta la casa. Cuando solté la mochila, me apartó para hablar conmigo a solas. Mi padre era duro, y yo sabía que aquel silencio no presagiaba nada bueno para mí. Al final me dijo:

—Sé que estás mintiendo, pero esta vez no te voy a pegar.

Hizo falta poner en juego toda mi voluntad para no sonreír ni secarme el sudor invisible de la frente. Y justo cuando creía que me había librado, añadió:

—¡Pero!

Detestaba aquella palabra porque todo lo que venía después era siempre el comienzo de algo malo. Es decir, algo malo para mí. Mi padre continuó y dijo:

—¡Pero si vuelves a mentirme, te mato!

Mi padre no jugaba ni bromeaba con sus palabras. Sabía que me mataría de verdad, a su hijo, a su sangre, sin dudarlo, así que después de aquello no volví a dar problemas.

Cuando tenía diez años, recuerdo que mis hermanos y yo pasábamos muchas noches con mi tía Thelma en Brooklyn, porque el padre de mamá enfermó gravemente, y cuando no estábamos viajando de ida y vuelta a Carolina del Norte para ver a mi abuelo, mi madre bebía de más y no nos podía atender. Hacíamos aquel largo viaje hasta casa de mis abuelos, pasábamos allí unas semanas y luego volvíamos a Brooklyn. Cuando teníamos clase, mamá y papá hacían el viaje y los niños nos quedábamos con la tía Thelma para asistir al colegio. Veíamos venir el día en que mis padres nos anunciarían que nos mudábamos a Carolina del Norte. Acostumbrado a aquella activa y diversa jungla de cemento llamada Brooklyn, tenía claro que no quería mudarme al sur.

Capítulo 4

Nueva York, junio de 1974

Tras varios de aquellos viajes de Nueva York a Carolina del Norte y vuelta, mis padres decidieron trasladarse definitivamente a Wallace. Pero la tensión de tanto viajar de un lado a otro había hecho mella en la relación de mis padres hasta el punto de que decidieron separarse. Mi padre ayudó a mi madre a tomar la decisión de llevarnos a los seis niños a vivir con sus padres mientras él se quedaba en Nueva York. Se suponía que aquello solo iba durar un par de meses, pero se prolongó más de un año. Empaquetar nuestras cosas y mudarnos con nuestros abuelos resultó ser una pesadilla.

Poco después de que mi familia, menos mi padre, emigrara a Wallace, mi abuelo falleció a causa de su enfermedad. Ver a un familiar sufrir así a una edad temprana es difícil, ya que debes hacer duelo por una rama importante de tu árbol genealógico, el mismo que, a su manera, te brinda raíces de amor, protección y guía. También fue difícil porque, desde muy joven, tuve claro que mi abuela no soportaba a ninguno de los hijos de mi madre. Sin mi abuelo, carecíamos de escudo protector frente a ella. No sé si nos odiaba porque mi madre siempre fue rebelde o simplemente porque éramos de Nueva York. Nunca tuve la oportunidad de preguntarle cuáles eran sus razones. Sólo intenté no estorbarla mientras estuvimos allí.

La casa de mi abuela estaba abarrotada de gente cuando mi madre regresó. Vivíamos allí mi madre y sus seis hijos con mis dos tías, mi tío de vez en cuando y mi abuela. En realidad, la casa era propiedad de mi tía Thelma, que vivió allí cuando se casó, con su marido y sus dos hijos, Jim y Brenda. Una noche, la tía Thelma y su marido salieron de marcha a un club nocturno. Estando allí, estalló una pelea y su marido murió de un disparo. Él había construido la casa para su familia y, cuando murió, se la dejó a ella. Mi tía Thelma trasladó a sus padres a la casa, a mi abuelo y a mi abuela, y luego se mudó a Nueva York con mi madre. Con el tiempo, la casa se convirtió en la gran casa de la abuela, con familia que entraba y salía.

Lo más absurdo de volver a Carolina del Norte con mis abuelos fue que mi abuela, a pesar de que la casa era propiedad de tía Thelma, nos trataba a todos, incluso a ella, como ciudadanos de segunda clase. Creo que la trataba así porque cuando nos visitaba siempre defendía a mi madre, a quien mi abuela obviamente odiaba. También nos trataban como ciudadanos de segunda cuando mi segunda hermana mayor, Sandra, que había sido criada desde su nacimiento por la otra hermana de mi madre, tía Mary, venía a casa desde Charlotte con nuestros primos. Cuando Sandra y mis primos estaban allí, mi abuela los trataba como si fueran de clase alta y a nosotros como si fuéramos escoria. Sin duda, eran sus favoritas.

En Carolina del Norte nos matricularon en la escuela primaria Wallace. La escuela era en realidad una pequeña iglesia. Afortunadamente para nosotros, y porque la necesidad era evidente, la comunidad decidió construir una nueva al año de habernos instalado. La nueva escuela era mucho más grande, con equipamiento renovado y mejorado. En ella estudiaban alumnos de sexto a octavo curso. Lo único que no mejoró fue la forma en que disciplinaban a los alumnos cuando nos portábamos mal. Eran los años setenta, una época en la que no había fundas de enchufe para proteger a los niños de electrocutarse. Los niños podían montar en bicicleta sin casco y los azotes en la escuela eran el pan nuestro de cada día. Tanto nos zurraban que llegabas a pensar: "¡Maldita sea! Debían de estar esperando a *que me matriculase aquí, porque mi panda de amigos se las lleva todas, mientras parece que nadie más recibe".* Esto no quiere decir que mi hermano, mis nuevos amigos y yo no nos portáramos mal, pero los profesores nunca perdían la oportunidad de echarme la bronca. Para que un profesor te pegara, tenía que avisar a un adulto de tu familia para que presenciara el castigo. Mi abuela, que no soportaba a ninguno de los hijos de mi madre y estaba más próxima la escuela, tampoco perdía la oportunidad de presenciar el bochornoso acontecimiento. ¿He dicho que no perdía oportunidad? Presenciaba *todas las* palizas, y luego volvía a casa y contaba a todos que su nieto de Nueva York estaba haciendo el tonto y avergonzando a la familia. Eso era como gritar a la familia y al vecindario: "*¡Atrápenlo!* "

Así que cuando la abuela se enteraba de que su nieto se estaba portando mal en la escuela, mi tío venía, seguido de mis tías y, por supuesto, de toda la comunidad, y me decía:

—He oído que te estabas portando mal en la escuela.

Si te portabas mal en la escuela, tenías una fila de tías y tíos que se turnaban para darte una segunda paliza por avergonzar a la familia en público. Nunca olvidaré el día que me estuvieron atizando desde las seis de la tarde hasta las once de la noche. Pero era mi tío el que ganaba a todos: te llevaba en coche a un camino de tierra y te daba unos tres cuerpos de ventaja. Nos decía que si conseguíamos alcanzar corriendo la carretera antes que él, nos dejaría en paz. Mientras tanto, decía:

—Voy a estirar este cinturón, y cuando diga que corras, mejor corre.

Seguimos corriendo durante años, y él siguió golpeando, sin importarle si nos daba en la cabeza o si nos saltaba un ojo. Eso sí: el día que llegamos al final del camino de tierra antes que él, ya no tuvimos más problemas. Por supuesto, los vecinos también ponían de su parte. Me llamaban en buen plan:

—Ven aquí, Marvin, quiero que hagas algo por mí.

Y cuando acudías pensando que debías ayudarles en lo que fuera, te encerraban en la habitación de atrás y también te atizaban, diciendo:

—¡He oído que estabas avergonzando a tu abuela!

Así eran las normas: eres negro y no nos avergüenzas delante de los blancos. En eso te educaron. Regla número uno: no avergonzar a tu familia delante de los blancos.

Los blancos ya piensan mal de ti. Resulta que tu abuela se ha labrado una buena reputación, y ahora llegan sus nietos, que vienen de Nueva York, avergonzándola. Para ella actúas como un maleducado, pero a los ojos de los blancos, haces exactamente lo que esperaban.

Dios estaba en todas partes, era omnipresente. Parte de la transición de mudarme a Carolina del Norte desde Nueva York consistió en que acabé yendo a la iglesia siete días a la semana. En Nueva York nunca pensaba en la iglesia. Mi madre había sido criada en el llamado "cinturón bíblico" (los estados del sudeste), pero se negó a inculcar la fe a sus hijos.

La gente negra del sur durante los setenta era un grupo muy orgulloso de sus creencias. Todos creían en Jesús, ¡así que todos íbamos a la iglesia! Acudíamos todos los días (a veces también todas las noches) y a jornada completa los domingos. Los domingos eran prácticamente el único día libre en nuestra tarea de cultivar tabaco, lo que explicaba por qué pasábamos todo el día en la iglesia, dando gracias a Jesús por sus bendiciones, pero también rezando para sobrevivir hasta el domingo siguiente, dependiendo de lo que ocurriera durante la semana. La vida podía cambiar en cuestión de segundos, y Jesús era nuestro refugio y protección para salir adelante.

Recuerdo a aquella señora a la que llamábamos señora Chiney. Su verdadero nombre era Chiney Mae Dixon. Tenía una campana muy grande y la tocaba tres veces al día. En cualquier época del año, hacía lo mismo todos los días. Tocaba la campana y los mayores decían a los niños: "Cuando oigáis la campana, subid". Todos acudíamos a su casa y ella rezaba. Rezaba, nos bendecía y nos leía la palabra. Esto duraba unos treinta minutos cada vez. Si te portabas mal, te daba un palo. También nos llevaba a reuniones religiosas en su camioneta, a Clinton, que estaba a unas cuarenta y cinco millas de donde vivíamos. Todas las noches durante el verano hacía pan, aplastando la masa. Era el pan más sabroso que he comido nunca. Yo creo que sabía hacer el mismísimo pan que comía Jesús.

Fue una gran influencia para nosotros. Siempre se preocupaba por los niños. Nos daba helados. Hacía sus propios helados, pasteles y dulces y los vendía a los niños. Era como la matriarca de toda la comunidad estando ya en sus sesenta años cumplidos. Si ella decía "¡salta!", tú saltabas, y todos los adultos, mi abuela incluida, lo sabían. Era la pastora de la iglesia, y cuando decía que había que saltar, lo hacías.

Solíamos acudir a la iglesia a las nueve de la mañana, y mi abuela preparaba una cesta, aunque vivíamos a un tiro de piedra, no llegaba a veinte minutos. El domingo, asistías a la escuela dominical de nueve a once de la mañana, a la iglesia de once a dos de la tarde, parabas a comer y volvías por la tarde, hasta la noche. No se salía de la iglesia el domingo. Como éramos muy traviesos, mi primo William Newkirk y yo solíamos escapar a hurtadillas y salíamos a la calle. El diácono siempre nos atrapaba y nos traía de vuelta frente a toda la iglesia. Delante de toda la congregación, el diácono nos ponía de pie y preguntaba:

—¿De quién son estos niños?

Y mi madre y la madre de William tenían que levantarse para reclamarnos. Les daba mucha vergüenza. El diácono nos colocaba delante de toda la comunidad y nos obligaba a inclinarnos, haciendo ver a todos que no estábamos bien educados, y luego nos azotaba. Después, nuestra familia nos pegaba en el culo, igual que si nos dieran una paliza en el colegio. Siempre había una oportunidad para que te atizaran cuando eras niño.

Desde que cumplíamos trece años hasta los diecisiete teníamos que acudir a la iglesia. Incluso cuando ya no vivíamos con mi abuela, mi madre nos obligaba a ir a la iglesia, porque mi abuela venía a buscarte si no acudías. Aquello ayudaba a forjar un gran carácter y te proporcionaba una sólida base a la que siempre podías recurrir. En todos los momentos difíciles, a lo largo de mi vida, siempre pude recurrir a Dios y a todo lo que aprendí durante ese tiempo, porque Dios había puesto en nuestro camino a la señora Chiney.

Una cosa era cultivar tabaco en verano cuando veníamos de Nueva York y otra lo que vivimos desde que Wallace pasó a ser nuestro hogar. Esto significaba que recolectar tabaco, o *cultivarlo,* como se decía formalmente, formaba parte de nuestra vida cotidiana. En los meses no lectivos, nos levantábamos a las cinco de la mañana todos los días para ir a los campos de tabaco y trabajar hasta bien entrada la noche. Todos, mi madre y mis tías y nosotros, los niños, íbamos todos los días en verano a cultivar, y nos daban a cada uno un paquete de galletas saladas y una Coca-Cola para todo el día. Como se cultivaba en régimen de aparcería, no nos pagaban mucho por trabajar todo el día, y, para colmo, nuestros padres recibirían nuestras ganancias para gastarlas como mejor les pareciera en nuestro sustento. Sé que es algo excesivo compararlo con la esclavitud, ya que mediaba cierta remuneración, pero para nosotros, los niños, aquello era esclavitud. Trabajábamos de sol a sol y no tocábamos ni un céntimo de lo que ganábamos con tanto esfuerzo. Solo nos daban galletas saladas y una Coca-Cola. ¿Qué más puedo decir? Era esclavitud.

Con todo ese trabajo, siempre que teníamos algo de tiempo libre, me centraba en mi pasión: jugar al baloncesto. Me ayudaba a evadirme del hecho de que mi abuela nos odiaba tanto y se aseguraba de dejarlo siempre claro. Me ayudaba a escapar de presenciar cómo mi madre ahogaba sus sentimientos en una botella de alcohol. El baloncesto lo era todo, y tuve suerte porque hubo gente a mi alrededor que me sirvió de inspiración, que nos dedicaba tiempo a mí y a mi hermano para hacernos progresar.

Nuestros abuelos tenían un solo televisor y lo único que se podía ver era el baloncesto de la UNC y a los Miami Dolphins. Carolina tenía en su equipo a un joven llamado Phil Ford, nuestra estrella local, oriundo de Rocky Mountain. En la Universidad de Carolina del Norte, Ford promedió 18 puntos por partido, ganó una medalla de oro en el equipo olímpico de baloncesto de EE.UU. en 1976 y terminó su carrera universitaria como el máximo anotador de todos los tiempos en la historia de la escuela. Phil Ford era un jugador altruista con una sólida ética de trabajo y un gran coeficiente intelectual aplicado al baloncesto. Le veíamos jugar cada fin de semana como si fuera una religión. El equipo masculino de baloncesto de Carolina estaba entrenado por el difunto Dean Smith. Mi primo Billy Highsmith jugaba como Phil Ford, y de 1973 a 1977, jugó al baloncesto en el Guilford College, una pequeña universidad de Greensboro, también en Carolina del Norte. Fue un extraordinario jugador de baloncesto, que todavía ostenta tres récords escolares sin parangón en el programa de baloncesto del colegio.

Cuando el Guilford College cerraba durante el verano, Billy venía a casa y pasaba todos los días jugando con nosotros y enseñándonos a los niños de la comunidad el juego del baloncesto. Billy también había tenido de compañero en la universidad al ex campeón de la NBA M. L. Carr, que jugó y llegó a ser entrenador de los Boston Celtics. Carr había sido un jugador clave, fichado por los Boston Celtics en 1979 durante su temporada de reconstrucción. En la siguiente temporada después de su fichaje, en 1981, M. L. Carr y Larry Bird llevaron a los Celtics a las finales de la Conferencia Este, donde los Celtics ganaron su decimocuarto campeonato de la NBA, después de terminar en el último lugar en la temporada previa. Billy y M. L. se convirtieron en mi inspiración para reforzar mi voluntad de mejorar en el juego del baloncesto.

Billy acabó convirtiéndonos en futuras estrellas del instituto a mi hermano Harvey, a mi primo William Newkirk y a mí. Mi primo William también era mi ídolo, le seguía en todos los deportes que practicaba, incluso en el béisbol. Aunque para mí, el baloncesto era mi verdadero amor. Carolina del Norte en aquella época era un gran lugar para crecer si te apasionaba el baloncesto. Había grandes entrenadores y modelos que seguir, y si no estábamos trabajando, siempre había oportunidad de jugar. Hacíamos canastas con las llantas de las bicicletas, quitándoles los radios y clavándolas en un árbol del patio hasta que se oxidaban o se rompían y había que buscar otros recursos. Otros niños del vecindario con más dinero que nosotros disponían de mejores canastas y redes de baloncesto en sus casas, y ahí es donde yo pasaba la mayor parte del tiempo. A veces incluso tuvimos la oportunidad de hacer alguna escapada en coche hasta localidades cercanas para competir.

Durante aquel primer año de adaptación a Carolina del Norte y de consagración absoluta al baloncesto, de vez en cuando podíamos ver a nuestro padre. Venía de Nueva York para ver cómo nos iba a los niños y también para pasar tiempo con mamá. Mis padres iban al bar local, bebían y se quedaban hasta tarde y a veces pasaban fuera toda la noche. Durante una de aquellas visitas de mi padre, mi madre se quedó embarazada de mi hermano menor, Tavarish, que cuando nació se convirtió en el menor de ocho. Mamá se fue de Brooklyn con seis hijos y ahora, en total, tenía ocho.

El baloncesto pasó a constituir la válvula de escape que necesitaba para evadirme de la realidad que vivía en casa, porque poco después también mi padre se mudó permanentemente a Carolina del Norte desde Nueva York, y recomenzó la violencia cotidiana entre mi madre y mi padre. Mi madre tenía un trabajo a tiempo parcial, haciendo algo, y mi padre encontró un empleo, trabajando como reparador de silenciadores. Pero la ocupación a tiempo completo de ambos parecía ser beber y pelearse. Mi madre pasaba la mayor parte del tiempo en lo que llamamos una *casa de contrabandistas*, bebiendo todo el día hasta que mi padre volvía a casa. Inmediatamente empezaban las peleas, que duraban toda la noche. Los niños huíamos y nos escondíamos de aquella violencia por miedo a resultar heridos en el fuego cruzado. Pero eso de escondernos

nos duró poco y, aunque nadie quería salir herido, a medida que crecía había veces en que, por intentar mediar en aquellas peleas, terminaba en el hospital.

Otoño de 1975

Cuando empecé séptimo curso en la Penderlea Junior High School, mi hermano Harvey y yo teníamos fama de ser dos de los mejores jugadores de baloncesto de Wallace y sus alrededores. Nuestro entrenador de la escuela secundaria, el señor Lunsford, nos tomó mucho cariño. Después de pasar tiempo con Harvey y conmigo y vernos jugar, se enteró de lo mal que lo pasábamos en casa. Le fue fácil entender por qué la cancha de baloncesto se había convertido en nuestra principal vía de escape. El entrenador Lunsford vio que consagrarnos en cuerpo y alma al baloncesto era el mejor antídoto contra la locura y la violencia de casa, porque no nos atraían las bandas. Nosotros habíamos elegido concentrar nuestras energías en el baloncesto. Por su parte, el entrenador nos dejaba quedarnos en su casa durante la semana, probablemente en un intento de protegernos. Lo que no entendía era que con ello nos estaba dando otra salida y más motivación para ser aún mejores en el baloncesto. Mientras estuvimos bajo su dirección, nos presentó a las universidades locales y, en un momento dado, incluso hizo que un entrenador local de la primera división viniera a vernos jugar. ¡Un entrenador de baloncesto universitario de primera división que venía a ver jugar a unos chavales de secundaria! Sí, eso sucedió mucho antes de LeBron James.

Llegó el final del curso escolar y todos los chicos volvimos a trabajar en los campos de tabaco. El único cambio fue que al menos sabíamos en qué se iba a emplear el dinero que ganábamos: nuestra labor en los campos de tabaco ese verano estaba destinada a financiar nuestros uniformes, libros y comedor escolar. Esto no hizo que el trabajo en los campos fuera más fácil, pero sí más llevadero: seguíamos sintiéndonos como esclavos, pero al menos sabíamos que a cambio tendríamos ropa nueva para el siguiente curso escolar.

Capítulo 5

Verano de 1977

El verano anterior a mi octavo curso fue un momento clave para el baloncesto en mi vida. Todos estos momentos clave de nuestras vidas están interconectados de alguna manera. Una vez más, el resultado de esas decisiones tomadas en un instante tiene un efecto dominó no sólo en nuestras vidas, sino también en otras vidas a nuestro alrededor. En aquel momento no me di cuenta de que mi talento y mi mayor pasión volverían a mi vida completando el círculo. Aquel verano, previo a comenzar el octavo grado, cada vez que teníamos tiempo libre en los campos de tabaco, Harvey, mi primo William y yo íbamos a Wilmington, a competir en torneos de baloncesto contra chicos de escuelas más grandes de la ciudad. Fue durante ese verano cuando me hice amigo de los futuros jugadores de la NBA Kenny Gattison, Clyde Simmons, Buzz Peterson y Larry y Michael Jordan.

Aquel Michael Jordan, que actualmente es la imagen de la NBA y copropietario de los Charlotte Hornets, era sólo un niño con el que llegué a competir. La abuela de Larry y Michael Jordan vivía en Wallace con mi familia y éramos feligreses de la misma iglesia, la única de la zona para negros. Los domingos, Larry y Michael recorrían un trayecto de cuarenta y cinco minutos para acudir al oficio religioso con su abuela y después poder echar unas canastas con nosotros en los parques de la zona. Esta era nuestra rutina de todos los domingos durante todo el verano.

A medida que mi hermano y yo mejorábamos en el instituto, cada vez venía más gente a vernos jugar. Mi hermano Harvey anotaba una media de 35 puntos por partido y yo anotaba unos 20 puntos. Pasar tres años jugando en la Penderlea Junior High School con el entrenador Lunsford fue el campo de adiestramiento que necesitábamos antes de entrar en la escuela secundaria. Durante el verano anterior al instituto, continuamos nuestra rutina dominical, jugando con Michael y Larry cuando volvían de la iglesia con su abuela. Para entonces, Michael medía 1,75 m y todavía parecía más atraído por el béisbol que por el baloncesto. Pero se enfrentaba a mi hermano Harvey y a mí, por lo que estoy seguro de que aquello no pudo sino hacerle mejorar y progresar en el baloncesto. La mejor manera de mejorar tu juego es jugar contra quienes puedan igualarte y empujarte a dar lo mejor de ti. Todos hacíamos eso por los demás.

Mi primer año en el instituto fue muy emocionante. Nuestro equipo de baloncesto pasó mucho tiempo jugando contra institutos que tenían más alumnos que el nuestro. Aunque nuestro instituto era una escuela 3A, debido a la alta concentración de población estudiantil de la zona, las escuelas urbanas como la de New Hanover eran escuelas 4A, con más del doble de nuestra población escolar. Kenny Gattison, futuro jugador de la NBA para los Charlotte Hornets, y Clyde Simmons, futuro jugador de la NFL para los Philadelphia Eagles, asistieron a clase en la New Hanover High School, y ambos eran atletas de dos deportes. Michael y Larry Jordan estaban matriculados en la Laney High School, otra escuela 4A en Wilmington, a unos cuarenta y cinco kilómetros de mi instituto.

Mi hermano y yo lo pasamos muy bien el primer año, jugando contra ellos, y nuestros partidos de verano mejoraron gracias a aquellos chicos de la ciudad. Mi padre nunca había prestado demasiada atención a nuestro éxito en el baloncesto porque estaba ocupado tratando de mantenernos y tenía la sensación de que el baloncesto era una pérdida de tiempo. Pero un buen día, mientras estaba trabajando en la tienda de silenciadores, entró un cliente que no paró de hablarle de sus hijos, estrellas del baloncesto, describiendo con admiración y con todo detalle nuestras habilidades baloncestísticas en la cancha y comentando la cantidad de gente que venía a vernos jugar. Entonces le preguntó a mi padre si nos había visto jugar, y mi padre le tuvo que confesar que nunca nos había visto. Aquel cliente le recomendó que viniera a vernos antes de que fuera demasiado tarde. Un día, no sé cuánto tiempo después de aquella conversación, Harvey y yo estábamos jugando en las canchas del instituto. Mi padre se acercó con el coche a la valla metálica y nos vio jugar el último cuarto. Ambos estábamos muy emocionados. Esto era lo que los dos esperábamos, el día en que nuestros padres nos vieran progresar y alcanzar metas, haciendo algo que nos gustaba y se sintieran orgullosos de nosotros. Creo que mi padre, a su manera, siempre estuvo orgulloso de nosotros. No le habían enseñado a expresarlo, así que no nos lo dijo mucho, pero sí que le gustó vernos aquel día.

Verano de 1978

Durante el verano anterior a mi noveno año de instituto, todos retomamos nuestra rutina estival de cultivar tabaco. Mis hermanos y yo pasábamos el tiempo en el campo, hablando de baloncesto mientras trabajábamos. Era nuestra forma de escapar de aquella condena a trabajos forzados. Cuando terminábamos de cultivar, fuera la hora que fuera, competíamos contra otros chicos en la pista de tierra de nuestro patio con nuestras canastas improvisadas. Una tarde, mi padre nos vio jugar en aquellas condiciones; antes de que nos diéramos cuenta, instaló una canasta de baloncesto de verdad en el patio, y fue genial mientras duró, porque la retiró poco después para no aguantar nuestras discusiones y peleas en su jardín.

Después tuvimos suerte, porque el pastor de nuestra iglesia local instaló una bonita cancha de baloncesto en su casa. Por supuesto, también instauró normas para su uso: nada de palabrotas, no pelearse y no trasnochar. Teniendo presente lo que había pasado con nuestro padre, cumplimos a rajatabla las normas del pastor. Era genial tener una canasta tan cerca de casa, porque cuando no podíamos desplazarnos a la ciudad a jugar en las pistas de cemento, teníamos un lugar donde seguir ejercitándonos.

Mi hermano mayor, Harvey, era mucho mejor que yo jugando al baloncesto. Su único problema era que nunca quiso esforzarse para progresar. A mí no me importaba esforzarme para mejorar mi juego, pero era desquiciante intentar seguir su ritmo, siempre me exigía un esfuerzo extra. Harvey fue el primer atleta nato que conocí. Se pasaba el tiempo durmiendo y persiguiendo chicas, pero cuando entraba en la cancha su talento se apoderaba de él. A mí, en cambio, me importaban un bledo las chicas. Todo lo que quería era jugar al baloncesto y ganarle algún día en un partido de uno contra uno.

Verano de 1979

Durante el verano que precedió a mi décimo curso en el instituto, por fin nos mudamos a una casa propia, lejos de mi abuela. Ese verano me dediqué (invariablemente) a cultivar tabaco, ayudando a mi familia a ganar dinero. El sheriff local, June Shaw era también un hombre negro que tenía una pierna ortopédica. Un día, en el trabajo, le dispararon en la pierna y ya no pudo seguir ejerciendo de sheriff, pero lo seguían llamando así. El sheriff Shaw estaba casado y tenía una casa llena de hijas y un hijo. Vivía en la misma calle que mi abuela y yo solía pasar mucho tiempo con aquella familia. Al igual que ocurrió con la familia musulmana de nuestro bloque de Nueva York, se encariñaron conmigo. La mujer del sheriff Shaw me adoraba y siempre cocinaba para mí.

El sheriff Shaw solía hablar de su casa en el bosque, que estaba a unos quince kilómetros de casa de mi abuela. Un día, en su porche, le pregunté qué pensaba hacer con ella, ya que ni él ni su familia vivían allí. Fue sincero y me dijo que no tenía planes para la casa. Era sólo algo que le pertenecía. Yo tenía entonces unos quince años y vi en aquella casa una oportunidad para salir de mi situación. Le dije que quería encontrar un sitio para que mi madre tuviera su propia casa. Me comentó que lo iba a hablar con su mujer. Al día siguiente volvió sobre el tema y trató de engatusarme: me propuso cultivar tabaco gratis para él durante todo el verano y luego dejaría que mi madre alquilara la casa. Afortunadamente, su mujer oyó nuestra conversación y se enfadó. No lo toleró y prohibió al sheriff aquel amaño. En mi presencia le espetó:

—¡Le darás esa casa, y se la darás ahora! Y también le pagarás lo justo por cultivar tabaco durante todo el verano.

El sheriff no pudo discutir con ella, así que volví corriendo donde mi madre para contarle aquello, que por fin, inmediatamente, podíamos mudarnos de la casa de mi abuela a la nuestra. Mi madre se sintió muy orgullosa de mí. Siempre estaba orgullosa de mí, pero aquello significó mucho para ella. Trasladamos a la familia de casa de mi abuela a nuestro nuevo hogar sobre la marcha.

Mi padre, que aún tenía mujer y familia, venía a vernos y a comprobar si mi madre tenía dinero, pero nunca se mudó a aquella casa con nosotros. Nos visitó con frecuencia, pero el hecho de tener dos familias no le permitía mudarse. La otra familia de mi padre se había trasladado a Nueva York cuando nos mudamos allí y luego también volvió a Carolina del Norte cuando mi padre se mudó definitivamente. Era una situación con la que tanto su mujer como mi madre tenían que lidiar. Era una época en la que las mujeres permanecían con sus maridos o parejas aunque tuvieran que compartirlos con otra mujer. Aquello no era plato de gusto ni para mi madre ni para la legítima, porque además sabían la una de la otra, y supongo que simplemente respetaron la situación por el bien de mantener a mi padre en sus vidas y en las vidas de sus hijos.

Capítulo 6

Verano de 1980

Pasamos todo nuestro tiempo libre de aquel verano en las canchas locales, a la captura de partidos todos los días de la semana. Harvey, William y yo buscábamos chicos con los que hacer buen juego; mientras, Michael pasaba el principio de sus vacaciones asistiendo al famoso Campamento Cinco Estrellas (*Five Stars*). Este campamento fue para él una oportunidad para entrenar con los mejores jugadores de baloncesto de secundaria en el país. En el *Five Star Camp* los jugadores rotaban en partidos de veinte minutos para que los entrenadores tuvieran tiempo de ver cómo jugaban todos los chicos. Michael rindió tan bien, según el legendario entrenador de la UNC Roy Williams, que lo mantuvieron todo el día en aquellas rotaciones de veinte minutos. Antes del campamento, no veía realmente la magia en Michael, pero después de esos primeros veinte minutos, el entrenador Williams quedó prendado.

Fue entonces cuando Michael se convirtió realmente en una estrella. Había ganado todos los premios del campamento y los de juego individual y estaba clasificado como uno de los diez mejores jugadores de instituto de Estados Unidos. Pronto se corrió la voz sobre su fama, pero seguíamos quedando para jugar después del campamento casi todos los días. De hecho, jugábamos tanto, hasta altas horas de la noche, que pedimos al ayuntamiento que instalara iluminación en el parque para poder seguir jugando sin luz natural. El ayuntamiento accedió, pero teníamos que pagar un cuarto de dólar por cada media hora de luz. Todos los que venían a jugar traían rollos de monedas de 25 centavos para mantener las luces encendidas. En esos parques jugamos algunos de los mejores partidos de baloncesto de la historia. Cuando ahora vuelvo a casa y visito nuestras canchas, ya no veo allí aquellas luces, ni baloncesto puro en las canchas. Hoy en día sólo se ve gente jugando al fútbol.

Cuando empecé mi tercer año de instituto, Harvey y yo dejamos el equipo. Por supuesto, fue duro para mí renunciar, pero no quería jugar sin mi mejor amigo en el equipo, mi hermano Harvey, para empujarme a dar lo mejor de mí. Nuestro entrenador del instituto, Joe Clay Jones, no estuvo de acuerdo. No le importaban mis razones. Estaba decidido a que volviera a su equipo. El entrenador venía a casa todos los días para sentarse y hablar conmigo sobre mi regreso al equipo. Me hablaba cada día de mis opciones y de las cotas que podía alcanzar con el baloncesto. Acabé volviendo al equipo sin mi compañero Harvey.

Este comienzo de mi tercer año de secundaria fue muy emocionante. Me iba bien en los estudios y empecé a pensar en ir a la universidad. Sabía que la temporada de baloncesto sería emocionante por todo el revuelo que rodeaba a Michael Jordan. Además de jugar contra su equipo, el Laney High School, también teníamos que enfrentarnos a Kenny Gattison y su equipo del New Hanover High. Esa temporada teníamos que jugar dos veces contra cada uno de ellos, y vaya si era emocionante. Una escuela pequeña enfrentándose a escuelas poderosas, todas con sus jugadores estrella.

Nuestro instituto decidió construir un comedor en lugar de un gimnasio cuando se construyó el edificio, así que nos vimos obligados a jugar primero contra New Hanover en las instalaciones de otro instituto local . New Hanover tenía algunos de los jugadores de instituto más grandes que jamás había visto. El más bajo medía alrededor de metro ochenta y de ahí para arriba el resto. Kenny y Clyde medían eso y los demás jugadores también eran así de grandes. Además, tenían un escolta en el equipo que, hoy en día, Michael Jordan considera el mejor jugador del estado. Este chico debería haber llegado a la NBA, pero tomó decisiones que se lo impidieron.

New Hanover nos ganó las dos veces que nuestras escuelas se enfrentaron. Kenny también estaba en su penúltimo año y ya recibía ofertas de las principales universidades, como la de Carolina del Norte y la Old Dominion. Terminó eligiendo esta última después de que su equipo nos ganara a nosotros y a la escuela de Michael para ir a los campeonatos estatales. Pero el partido más emocionante fue cuando tuvimos que jugar contra Laney High. Michael Jordan había estado promediando unos 28 puntos por partido en el momento de nuestro encuentro, y lo hacía parecer tan fácil. Cada partido que jugaba salía en los telediarios y él siempre aparecía en los periódicos. Sin duda, Mike había puesto a su ciudad y a su instituto en el mapa.

A la hora de jugar contra ellos, tuvimos que volver a utilizar el gimnasio de otro instituto. Aunque el partido estaba programado en un espacio muy amplio, el día del partido estaba lleno hasta la bandera. Al principio del partido, Michael se reunió con nosotros en el círculo y nos aseguró:

—Voy a conseguir mis treinta puntos y rematar la noche.

Todos nos reímos, porque en aquel momento promediaba 28,9 puntos por partido. Consiguió 28 durante el tercer cuarto del partido, así que su entrenador le sentó. Hoy lo recuerdo como un partido increíble. Recuerdo una jugada que aún hoy tengo grabada en la memoria. Uno de sus compañeros había saltado para encestar y el balón rebotó en la parte posterior del aro, pero antes de que nadie pudiera colocarse en posición para el rebote, se vieron unos brazos larguísimos que salían de la nada, por encima del aro, y que volvían a encestar la bola. Michael tenía una vertical de más de un metro en ese momento y podía saltar rápidamente. Ganaron el partido sin problemas. Uno de los jugadores de aquel equipo, Leroy Smith, fue el jugador que apartó a Michael del equipo cuando se presentó a las pruebas de segundo año. Leroy medía 1,80 m en segundo año, mientras que Michael sólo medía 1,75. Leroy llegó a jugar para la Universidad de Charlotte. ¡Tío, fue un partido increíble!

Terminamos muy bien la temporada de aquel penúltimo año. Llegamos a las semifinales del instituto y yo estuve en las listas de elegibles para el reconocimiento *All Conference*. Seguíamos a mis amigos Kenny Gattison y Michael Jordan porque jugaban entre ellos para ver quién iba al campeonato estatal de la división 4A. Era curioso, porque cuando Michael Jordan jugaba contra el equipo de Kenny Gattison, esos chicos se imponían físicamente a su destreza, hasta el punto de que sólo conseguía, si acaso, veinte puntos contra ellos. New Hanover estaba lleno de ex jugadores de fútbol, que obligaban a Mike a poner en juego todas sus fuerzas. Más tarde, New Hanover venció a Laney High y peleó por el título estatal 4A. Desafortunadamente, terminó perdiendo el título estatal de Carolina del Norte contra el equipo de baloncesto de la escuela secundaria de Jacksonville. New Hanover High también perdió contra ellos en el partido por el título estatal de fútbol de aquella temporada.

Verano de 1981

El verano anterior a mi último año. De nuevo, pasaba mucho tiempo en las canchas de baloncesto. Kenny Gattison se reunía con nosotros allí porque, al igual que yo, iba a comenzar su último año. Michael ya no venía tan a menudo porque empezaba su primer año en la Universidad de Carolina del Norte. Sí que venía, sin embargo, su hermano Larry, porque era como yo, un adicto al baloncesto, y nos divertíamos mucho juntos, dentro y fuera de la cancha. Los miércoles por la noche jugábamos en un gimnasio local llamado Rose Hill Magnolia. ¡Tío, eso sí que era tener a todas las promesas del baloncesto de instituto juntas! Enseguida te dabas cuenta del nivel al que se jugaba allí: podías disfrutar del juego de los mejores jugadores de los institutos locales, de algunas viejas glorias de la universidad y de Larry Jordan con su vertical de casi metro veinte, y vaya si era bueno. Pasábamos allí las horas como si pagaran por ello, y las charlas eran lo mejor. Si un jugador sabía que podía sacarte de tu juego psicológicamente, estabas acabado, y si perdías, los que esperaban para entrar no te daban una segunda oportunidad. Por lo general, ibas al gimnasio con un par de los tuyos, esperabas que el equipo que habías elegido fuera bueno y tal vez entrar en uno o dos partidos. Si tenías esa suerte, eso era todo para ti, porque el equipo ganador se quedaba hasta que era derrotado, y si eso sucedía, podía no volver a entrar en la cancha. El gimnasio Rose Hill Magnolia era legendario en el sureste de Carolina del Norte.

Con mi último año de instituto en ciernes, empecé a pensar qué quería hacer con mi vida. Mi sueño era el mismo que el de Michael Jordan y Kenny Gattison: ir a la universidad para poder ayudar algún día a mi familia. Era mi sueño, y tenía la pasión, pero no estaba seguro de poder conseguirlo. Recuerdo que lo hablé con mi entrenador y él estaba seguro de mis posibilidades, así que me apoyé en su convicción como en la mía propia. Empecé a trabajar en ello, a planear mis siguientes pasos, a elegir a que universidad iría y a vivir mis sueños. Cuando empezó la temporada, me centré en divertirme jugando. Volvimos a jugar contra todas las grandes escuelas, y siempre fue genial jugar contra Kenny y Clyde. Esos chicos eran muy duros. Ya habían sido fichados por los centros que querían y nunca levantaban el pie del acelerador. Jugamos contra ellos a principios de mi última temporada y, una vez más, nos derrotaron. Hice un partido impresionante, pero no fue suficiente para ganarles. Hoy, Kenny Gattison bromea sobre aquel equipo nuestro, comentando que en realidad solamente teníamos dos jugadores y medio en plantilla: mi hermano Harvey, el hijo del entrenador y yo. Terminamos la temporada luchando hasta llegar a las semifinales del distrito. En mi último partido de instituto, jugamos contra el instituto James Kenan en la penúltima ronda del campeonato de distrito. Aquel partido fue duro. Estábamos al mismo nivel de victorias y derrotas en la temporada. Al final ganaron ellos aquella semifinal y luego perdieron en la final.

Con mi carrera de baloncesto escolar llegando a su fin, y la graduación acercándose rápidamente, seguí jugando al baloncesto en los parques locales, sin tener claro si me quedaban opciones de ir a la universidad. Aunque la temporada oficial de baloncesto había terminado, seguí jugando porque me eligieron para varios partidos de las estrellas del instituto. Estos partidos eran buenas oportunidades para que los ojeadores deportivos de las universidades pudieran detectar a jugadores con talento para rellenar sus listas para el año siguiente. Recibí varias ofertas de universidades y pude acudir a tres de ellas para jugar delante de todo el personal de reclutamiento y los entrenadores. Las tres me ofrecieron becas completas para jugar en sus campus.

Justo antes de visitar la universidad de Chowan, mi padre me había dado un ultimátum: universidad o trabajo. No me gustó aquello, porque no era mi elección. No me apoyaba. Solo quería controlarme en todas las decisiones de mi vida.

Cuando Chowan me ofreció una beca completa para jugar al béisbol en su equipo, mi padre me preguntó: —¿No vas a aceptar esta beca?

Le dije:

—No, lo que yo quiero es jugar al baloncesto.

Así que replicó:

—Pues tienes que hacer algo.

Pero no paró ahí: volvimos de Virginia, cinco horas, y se pasó todo el viaje gritándome. Al llegar, hablé con mi madre y le expliqué que estaba cansado de todo aquello. Después de graduarme, en vez de aceptar aquella beca, me largué a Nueva York, a casa de mi tía Thelma. Y empecé a jugar allí, consiguiendo un alto nivel de juego. Los vecinos empezaron a venir a verme jugar por la noche, y empecé a atraer espectadores. Mi tía Doris preguntó por qué todo el mundo iba a la pista a altas horas de la noche. Alguien le dijo:

—¿Pues por qué va a ser? Van a ver jugar a tu sobrino.

Recuerdo que Eddie Murphy y *Saturday Night Live* eran lo más visto de la televisión en esa época a las once de la noche. Pero en mi el barrio, la gente a esa hora estaba en el parque cercano a casa de mi tía, viéndome jugar.

En aquellos partidos conocí a un tipo al que llamaban Oso. Nunca supe su verdadero nombre. Había sido una estrella en la Universidad de Long Island, donde se decía que promediaba 28 puntos por partido hasta que le falló la rodilla. Solía venir por la noche y participar en algunos de los partidos que me veía jugar. Al final me preguntó si estaría dispuesto a jugar en la Rucker League de la parte alta de Nueva York. Yo sabía lo que era la Rucker y no dudé en aceptar jugar en su equipo. La Rucker es legendaria por reunir a los mejores jugadores de baloncesto de Nueva York, que acuden a jugar en los partidos de su liga de verano. De la Rucker han salido algunas leyendas del baloncesto: Dr. J, Lloyd World, B. Free, Kenny Anderson, Kenny Smith, Dwayne *The Pearl* Washington y muchas otras estrellas. Para entrar en aquella liga había que tener un talento excepcional, que te lo pidieran ya era todo un honor. Así que pasé el verano de 1982 jugando en la Rucker. Me sentí como en el instituto, jugando con los grandes talentos de siempre, como Jordan y Gattison. Me hice un público en la Rucker, pero entonces una de esas decisiones de un segundo lo cambió todo para mí.

Me metí en un lío con mi primo Bobby, que había pasado toda su vida fuera de la ley. Me aseguró que tenía un buen negocio con el que podíamos ganar mucho dinero. Había una fábrica de zapatillas al final de su calle y todo lo que teníamos que hacer era entrar y llevarnos algunos pares. Yo podía tirárselas por la ventana de atrás y luego él conocía a un tipo al que vendérselas, y al final nos podríamos repartirnos el dinero. Así que trepé hasta aquella ventana y le tiré las zapatillas a mi primo, que las metió en las cajas. No nos pillaron. Escapamos con las zapatillas a casa de la novia de mi primo, y me dejó allí esperando mientras vendía la mercancía.

Un dato negativo que no tuve en cuenta fue que mi primo era adicto al crack. Vendió aquellas zapatillas pero nunca volvió: se largó con el dinero y se lo fumó mientras me dejaba en casa de su chica. Cuando por fin lo pillé, le reventé la boca a tortas. Le di tal paliza que acabó en el hospital y mi tía me echó de su casa, aunque ella sabía que había sido porque cuando lo encontré ya no tenía el dinero. Acabé quedándome en casa de mi otra tía, que vivía cerca. Y cuando salía de su casa a la mañana siguiente, encontré a mis padres sentados en el coche, esperándome. La madre de mi primo les había llamado, les contó lo que había pasado y mis padres condujeron toda la noche para venir a buscarme.

Mi padre estaba tan cabreado que ni siquiera me dejó explicárselo. Cada vez que intentaba hablar, me daba una bofetada. Mi madre era más sensata, ella acabó cabreándose con mi tía, su hermana. Mamá intentó razonar, tenía la idea de que mi primo debía de haberme inducido de alguna manera para me comportara así, pero mi padre no la escuchó. Durante las diez horas que duró el viaje de vuelta al sur, me maldijo, me gritó y me pegó. Por supuesto, como nadie más sabía lo que había pasado, sólo trascendió que me había metido en líos en Nueva York. Según nos acercábamos a Carolina del Norte, lo único que sentía era que estaba atrapado.

Una vez de vuelta en Wallace, no tenía trabajo ni idea de lo que iba a hacer con mi persona, pero una cosa sí sabía y era que quería alejarme de mi padre y de aquella pequeña ciudad a toda costa. Pero mientras, volví a lo que sabía, a la cancha de baloncesto. La mayor parte del tiempo lo pasaba fuera de casa, lanzando a canasta yo solo. Necesitaba pasar tiempo a solas con el balón. Era mi única vía de escape.

Uno de esos días, mientras jugaba solo, uno de mis colegas se me acercó y me preguntó:

—Tío, ¿por qué no vas a la universidad y juegas al baloncesto?

Le dije lo mismo que le había dicho a mi padre:

—No quiero ir a la universidad. Sólo quiero encontrar una forma de ganar dinero y ayudar a mi madre.

Entonces aquel tipo me contestó:

—¿Sabes? ¡Podrías ganar dinero y jugar al baloncesto en la Marina!

No lo sabía, pero aquello era todo lo que necesitaba oír. Era perfecto. Podía ganar dinero y ayudar a mi madre, y como estaba cabreado con mi padre, tenía la motivación que necesitaba para zafarme de él, hacer el examen e inscribirme en la Marina. Saqué tan buena nota en la prueba de acceso que me dieron elegir el trabajo que quisiera. Teniendo claro que no me gustaba ensuciarme y que se me daban muy bien las matemáticas, un reclutador me sugirió que me hiciera oficial de intendencia, el que asiste a los mandos en la navegación de buques y portaaviones de la Marina. Son expertos en navegación y deben utilizar sus conocimientos matemáticos para calcular la velocidad, el tiempo y la distancia de manera que el barco llegue a tiempo al destino. Me encantó aquella idea, así que lo marqué como mi opción laboral.

23 de septiembre de 1983

Había pedido a mi padre que me llevara a la estación de autobuses a la mañana siguiente para por fin abandonar Carolina del Norte. Naturalmente, mi padre me preguntó dónde iba. Por primera vez desde que fui a informarme, confesé a mis padres que me había alistado en la Marina de los Estados Unidos. No necesitaba su permiso, ya que entonces tenía diecinueve años. Mi padre se quedó estupefacto y muy dolido. ¿Por qué no le había contado aquello antes? Mi madre, aunque estoy segura de que se entristeció al verme marchar, también se alegró mucho por mí. Ella sabía que yo no iba a quedarme en Wallace para destrozar mi vida.

Pero mi hermano Harvey sí se enfadó muchísimo conmigo, tanto que no me habló durante varios años, ni siquiera cuando volvía a casa de permiso. Si estaba en la casa, se levantaba y se iba a otra habitación. Mi hermano Harvey había sido mi mejor amigo. Hacíamos todo juntos. Mientras permanecí en casa, era su roca para sobrellevar la violencia diaria. Sin mí, le tocaba lidiar solo con todo aquello. Harvey se sintió abandonado cuando me fui.

Al final, mi padre accedió a llevarme a la estación de autobuses. Él, mi madre, mis hermanos y mis hermanas, todos vinieron a despedirme. Cuando subí al autobús para marcharme, por fin me sentí libre y supe que pasaría mucho tiempo antes de que volviera a casa. Era mi momento de decidir mi futuro. Por suerte, el baloncesto seguía siendo una de mis opciones.

Marvin Senior en el el Instituto.

Marvin Sr. jugando contra Michael Jordan en el instituto.

Madre de Marvin Jr. Andrea Williams.

Foto en familia.

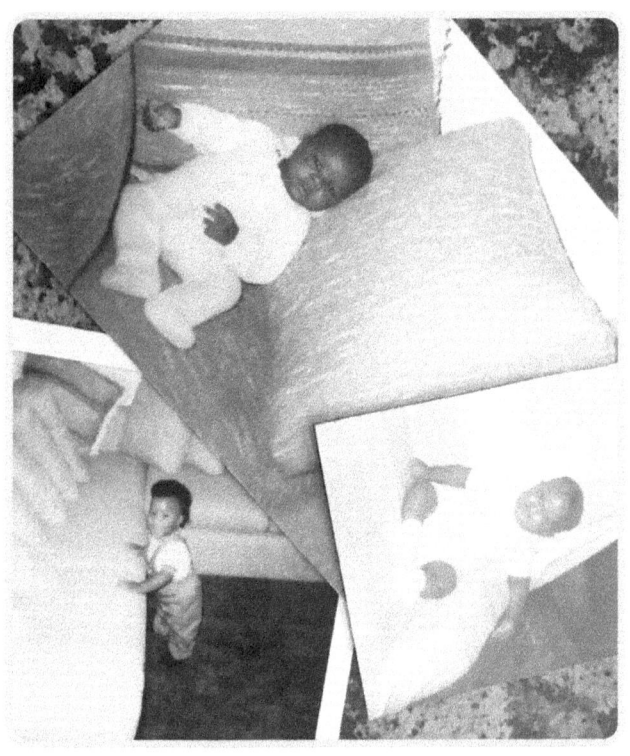

Marvin Jr. foto de bebé

Amigo de la Marina Darrell Phils y su esposa Sharon

Foto padre/hijo

Marvin Sr., Marvin Jr. y Mike Harn

Organización de padres del NBA

Marvin Sr. y compañero del equipo Olympic College

Marvin Jr. jugangdo en el equipo del instituto

Marvin Jr. jugando para los Tar Heels
Univeristy of North Carolina Chapel Hill

Marvin Jr. Jugando para Los Utah Jazz

Capítulo 7

Tomar la decisión de alistarme en la Marina fue bastante fácil para mí. Fue una de esas decisiones alimentadas por la ira, la compasión, la pasión y el empoderamiento. Estaba enfadado con mi padre por intentar controlar mi vida sin dejarme decidir sobre mi futuro. Sentí compasión por mi madre, pero también tenía claro que esta era mi oportunidad para hacer que se sintiera orgullosa y para ayudarla. Sentí que mi pasión por el baloncesto se avivaba de nuevo. Era la ocasión de matar dos pájaros de un tiro: ayudar a mi madre y jugar al baloncesto. Me sentí poderoso porque, aunque no sabía adónde me llevaría esta decisión, sabía que tenía el poder de tomarla. Una decisión instantánea que tendría un efecto dominó en todos los que me querían.

No sólo me aparté de mi padre por estar tan enfadado con él, sino también de mi madre, mis hermanos y mis hermanas. Dejaba atrás a mi mejor amigo Jeff Newton y a su prima Janaria, mi novia del instituto. Cuando tomé en secreto la decisión de alistarme, no pensé ni por un segundo en todos los que saldrían perjudicados. Janaria y yo habíamos empezado a salir en mi penúltimo año de instituto, aunque ya nos conocíamos de antes, a través de Jeff. Jeff y sus hermanos formaban el grupo familiar más grande de toda secundaria. Era uno de los muchos hijos de su familia porque su padre era como el mío, ambos muy prolíficos. Todos temían pelearse con algún Newton. Así las cosas, empezamos con mal pie cuando nos conocimos: por un cabreo cuya causa no recuerdo, me enfrenté a él y le amenacé con darle una paliza en el recreo. Jeff aceptó y salió a recibirme junto con absolutamente todos los demás alumnos, que o bien apoyaban a Jeff o bien querían ver cómo me suicidaba luchando contra aquel pequeño gigante.

Era como una de esas películas de la vieja escuela, en las que parecía que nos acercábamos el uno al otro a cámara lenta, el viento salía de la nada y la tensión crecía según se reducía la distancia entre uno y otro. Yo tenía corazón y él tenía tamaño, así que aquella batalla iba a ser épica. Justo hasta que la señora Brooks, nuestra profesora de ciencias, salió al patio y nos llevó a empujones a los dos hasta la fuente. La señora Brooks no era una mujer pequeña. Jugaba al tenis en su tiempo libre y era notoriamente musculosa. Cuando te golpeaba, era como si estuviera ejercitando su golpe de revés: te levantaba del suelo con cada porrazo. Nos amenazó con darnos una paliza delante de todo el colegio. ¿Sabes ese momento, justo antes de que pase algo, en el que miras a la persona que tienes al lado y es el momento más tranquilo y respiras, justo antes de que se desate el infierno? Miré a Jeff, y él me miró a mí, y lo siguiente fue todo ardor y dolor. A partir de ese momento, fuimos los mejores amigos. Vivimos juntos un momento que nadie más en el planeta entendería, así que no tuvimos más remedio que ser los mejores amigos. Después de todo aquello, Jeff me presentó a Janaria, su prima, con la que acabaría saliendo en mi tercer y último año de instituto.

Janaria era alta y guapa, y éramos grandes amigos desde el instituto Penderlea. Ser amigos desde la escuela secundaria y luego salir juntos en el instituto significaba que realmente nos queríamos y nos respetábamos. Quería decirle que me iba a la Marina, pero tenía miedo de confesarle aquello, porque temía que rompiera conmigo y perder nuestra amistad de toda la vida. Finalmente me armé de valor. Mi madre también me había recomendado hablar con ella del tema. Fui a su casa a contárselo, me senté en su sofá y se lo solté. Empezó a llorar. No sabía qué iba a hacer después de graduarse y estaba atrapada allí con su madre. Ella se sentía cómoda en su casa, mientras que yo buscaba siempre más, aunque no sabía lo que era ese más. No creo que ella quisiera más de lo que tenía. Sabía que quería salir de casa de su madre y tener su propia casa, pero no creo que tuviera realmente la ambición de cambiar. Si yo así lo hubiera consentido, habría permanecido siempre conmigo y estaría contenta. Se habría centrado en ser una buena esposa, como su madre hizo con su padre.

A medida que se acercaba el momento, ella decidió entender y aceptar que yo necesitaba encontrar algo más. Le sugerí que debíamos romper, pero ella se negó. Me aseguró que estaría bien allí hasta que yo volviera a casa. Así que seguimos siendo pareja incluso después de haberme marchado al campamento de entrenamiento, rumbo a Orlando, Florida. Aquello me dolió muchísimo y la echaba mucho de menos, pero, como ella decía, tenía que hacer algo con mi vida aunque eso me alejara de ella. Sólo tenía que sacar adelante lo mío y luego volver con ella.

¡Los campos de entrenamiento de los ochenta eran un infierno! No estoy exagerando. Es la pura verdad. Fueron dieciséis semanas de reentrenamiento de tu mente para dejar de ser un civil y convertirte en un soldado preparado para poner en juego tus habilidades y entrenamiento en cualquier momento y lugar que el ejército necesitara. Aquel entrenamiento fue increíble: cuando has estado en el ejército, aunque sea por poco tiempo, tienes esa habilidad para toda la vida. Durante las primeras ocho semanas no se nos permitía comunicarnos con nadie ajeno a tu mando. Supongo que para no perturbar el proceso de formación. Pasadas aquellas ocho semanas, se te requería para comunicar a tus seres queridos que seguías vivo.

Subí al autobús con destino al campamento de entrenamiento el 23 de septiembre de 1983 y durante los dos días que duró el trayecto estuve reflexionando y reviviendo mentalmente cada una de las etapas de mi vida; todas mis pasadas experiencias, buenas y malas, pasaron por mi cabeza. Aquello se cortó cuando llegamos a Orlando y nuestra carrera en el ejército de los Estados Unidos comenzó puntualmente a las 5:59 a.m. Los oficiales de entrenamiento subieron al autobús, y comenzaron los gritos y las maldiciones. Bajamos del autobús en fila india, y juro que desde el primer momento de aquellas dieciséis semanas hasta el último, me tuvieron a prueba. Pero mi reto era diferente al de los demás: yo tenía que comprobar si todas las duras experiencias vividas en mi casa eran suficiente preparación para lo que el ejército me iba a deparar. Había 150 hombres en mi grupo de entrenamiento, aprendíamos juntos a comer, ducharnos y afeitarnos en tres minutos, pero parecía que cada día perdíamos a otra persona. Cada vez que nos sometían a castigos físicos porque uno de aquellos chavales no podía completar sus tareas a tiempo, perdíamos a otro compañero. En mi caso, fui pasando las pruebas. Podía aguantar los gritos, las palabrotas, los castigos físicos y el entrenamiento de resistencia porque me había enfrentado a versiones de todo esto toda mi vida.

Pero hubo una prueba que sí me llevó a cuestionarme si realmente estaba capacitado para formar parte de la armada. Yo, el chico que parecía abrirse camino a empujones hasta aprovechar todas las oportunidades disponibles para jugar al baloncesto. Yo, el chico que podía enfrentarse a nuestro duro padre y ganarse su respeto. Yo me tuve que enfrentar a la prueba de nadar, o al menos flotar, teniendo claro que no sabía ni lo uno ni lo otro. Nunca había aprendido a nadar. Recuerdo con horror cuando me tocó por primera vez subir por la escalera hasta la plataforma del trampolín para saltar a una piscina que no debía tener menos de seis metros de profundidad. Subí la escalera, llegué al borde de la tabla y miré hacia abajo, a la piscina cristalina. En el fondo había tipos con equipos de buceo, seguramente para rescatar a los que no sabían nadar como yo y sacarlos a la superficie justo antes de que nos ahogáramos. Cuando el oficial al mando me gritó la orden de saltar, me negué. No me moví del trampolín. Simplemente no salté. En realidad no me negaba a saltar. Me negaba a ahogarme.

Aquello parece que cabreó bastante a mi oficial al mando, porque ante mi negativa se subió al primer peldaño de la escalera. Es en momentos como este cuando te das cuenta de a quién y a qué tienes miedo realmente. No debería haber tenido miedo de nadie después de tratar con mi padre. Aquella vez cuando descubrió que me estaba saltando las clases en Nueva York y me dijo que me mataría debería haber sido el momento más aterrador de mi vida. No podía imaginarme nada más aterrador ... hasta que me paré al borde del trampolín. Me di cuenta en ese momento, de pie en la plataforma, a un paso de ahogarme, de que mi oficial al mando era a quien realmente temía. Cada peldaño que subía hacia la plataforma aumentaba mi terror hasta que me di cuenta de que le tenía más miedo a él que a ahogarme. Así que salté y me zambullí en la piscina. No sentí la temperatura del agua. Lo único que pensaba era en la profundidad que alcanzaba cada segundo que pasaba. Estoy seguro de que sólo me hundí durante uno o dos segundos, pero me pareció una eternidad. Los chicos del equipo de buceo me agarraron y me acercaron a uno de los bordes de la piscina. Evidentemente, no pasé la prueba de nadar y flotar.

Salí de la piscina y entonces me enteré de que saltar era sólo la mitad de la prueba. Mi oficial al mando seguía cabreado conmigo y me advirtió de que tenía tres días para aprender a flotar durante dos minutos. Cada día que no pasara la prueba de los dos minutos significaría trabajo extra para todos los demás de mi grupo. Si no superaba la prueba en tres días, me darían de baja del campo de entrenamiento y me enviarían a casa. Me avergonzaba hacer sufrir a mis compañeros por mi culpa. Como si el campo de entrenamiento no fuera ya lo bastante duro, iban a presionar más a todos sólo porque en diecinueve años nunca aprendí a nadar ni a flotar. Además de esa vergüenza, el miedo a volver a casa con las manos vacías era demasiado. Defraudaría a mi madre y a mi familia. Nunca podría jugar a la pelota. Mi vida podría haber terminado.

Durante los tres días siguientes, tuve que levantarme a las 4 de la mañana para aprender a flotar en la piscina de agua durante dos minutos, ¡120 segundos! Algo que parecía tan sencillo y breve era para mí como un muro de hormigón que me alejaba de todo lo que quería para mi vida. No pude superar aquello en los dos primeros días, aunque hice cuatro intentos cada día, y fallé las cuatro veces. Al regresar, tenía que afrontar ver a mis compañeros sufrir con trabajo extra, todo porque yo no podía flotar en una piscina de agua durante dos minutos. El tercer día, no sabría decir si fue por no soportar más tenerles así y ver su decepción o por el puro terror de pensar que, después de ese día, me mandarían a casa si no era capaz de flotar durante dos minutos, lo conseguí. En el último de los cuatro intentos del último día lo conseguí. Pasé la prueba, lo que significaba que podía quedarme.

Cuando volví y me enfrenté a los chicos después de aprobar el examen, el alivio se podía sentir en el aire. Todos estaban entusiasmados y felices por mí. No estaban enfadados por haber sufrido castigos físicos adicionales por mi culpa. Estaban simplemente felices por mí y por mi logro. Cuando mi oficial al mando se enteró de que había aprobado el examen, nos hizo saber a todos lo orgulloso que estaba. Estaba orgulloso de que nuestro grupo se uniera para apoyarme cuando pasé aquella prueba. También estaba orgulloso porque, como resultado de haber pasado juntos esta prueba, nuestro grupo se había hecho más fuerte como unidad.

Por fin, después de dieciséis semanas, llegó el agridulce día de la graduación. La graduación del campamento de entrenamiento es una gran experiencia. Tienes la oportunidad de invitar a tu familia y amigos para celebrar tu logro. Lo has conseguido.

Has superado dieciséis semanas de infierno y, al llegar al otro lado, tu mente está preparada para enfrentarte a todo lo que te depare el ejército, para darte la oportunidad de apoyar a tu familia y hacer que se sientan orgullosos. El único reto para mí aquel día fue que no había nadie allí para celebrar mi éxito. Fue culpa mía, porque cuando tuve la oportunidad de comunicarme con mi familia, la única persona a la que escribí una carta fue a mi madre, y solo para hacerle saber que lo estaba haciendo bien. No tenía a nadie allí para celebrarlo y verme por última vez antes de zarpar, ya que sabía que el siguiente paso era viajar a mi lugar de servicio activo, más lejos de lo que nunca había viajado en mi vida. Iba a San Diego, California, a miles de kilómetros de casa. Estaría realmente solo. No tuve aquel día ni familia, ni amigos ni al amor de mi vida. Fue emocionante y aterrador al mismo tiempo. Pero era hora de avanzar en mi vida.

Cuando llegué a San Diego, no hubo tiempo para descansar: se nos informó de que partíamos para maniobras durante seis meses, que pasaríamos en el mar, haciendo escala en distintos puertos del mundo y apoyando a los Marines en sus campañas. Estaba a las órdenes de mi primer jefe y ahora amigo de toda la vida, el contramaestre James Patrick Bohannon. Su trabajo consistía en formarme para ser un gran oficial de intendencia y cumplir el código de conducta de la Marina en el barco. Bohannon tenía a su cargo a diez marineros, incluyéndome a mí, e hizo que aquellos seis meses pasaran flotando. Nuestra primera parada fue la hermosa isla de Hawái. Trabajé en mi puesto de intendencia durante dos semanas, yendo de San Diego a Hawái. Cuando atracábamos, como mi trabajo estaba hecho hasta que llegara la hora de zarpar al siguiente destino, procuraba aprovechar el tiempo.

Capítulo 8

Es increíble cómo tus pasiones impulsan tu vida. No importa qué decisiones tomes, tus pasiones siempre están presentes. Una vez que zarpamos para mi primera travesía de seis meses, Bohannon y yo pasamos mucho tiempo juntos. Era su aprendiz, pero además hablábamos de baloncesto. Un día, hablando de ello, me sugirió que formáramos un equipo en el barco. Me encantó la idea y le pregunté qué hacía falta. Fue a ver a nuestro superior para comentarle la idea. Al jefe no le gustaban los deportes, pero Bohannon le caía bien, así que le dio el visto bueno. Después, necesitábamos la aprobación del capitán, el cual concedió su permiso con una condición: Bohannon tendría que ser el director deportivo del barco. Eso significaba que quedaba al cargo de cualquier deporte que se practicara a bordo. También significaba que Bohannon podría pedir cualquier equipación o suministros que necesitáramos, así que esperábamos conseguir lo mejor.

Empezamos a reclutar jugadores para nuestro nuevo equipo de baloncesto. Fuimos por todos los departamentos averiguando quién jugaba al baloncesto. En las pruebas de acceso descubrimos todo tipo de talentos a bordo. Incluso había un chico de Detroit que había jugado un año como profesional. Las pruebas tenían lugar en la cubierta de hangares del barco. La cubierta del hangar era un lugar enorme en medio del barco bajo la cual se almacenaban todos los aviones mientras no volaban. Desplegamos dos canastas de baloncesto y medimos para que los aros estuvieran a la distancia reglamentaria. Nos presentamos a las pruebas unos 50 chicos. Tío, me sentía como si estuviera en mi época, compitiendo con Jordan, Gattison o los talentos de la Rucker. Fue duro medirme con chicos que habían estado jugando en la universidad y otros que ya habían sido profesionales. Las pruebas duraron dos días y conseguí entrar en el equipo. Bohannon, que era de Atlanta y había formado el equipo, dijo que quería elegir los uniformes. Y como era seguidor de los Atlanta Hawks, eligió los colores de su equipo: naranja brillante, rojo y negro. Todos estuvimos de acuerdo en que seríamos los Atlanta Hawks.

Nuestro entrenador también había sido jugador. Se llamaba Mark Hopkins, medía 1,90 m, era delgado y muy atlético. Era de Filadelfia y había jugado en la universidad. Mark también había sido seleccionado para jugar para la Marina en lo que se llamaba el equipo All Navy. Este equipo estaba formado por los mejores jugadores de baloncesto de la Marina. En el equipo All Navy había jugadores destinados tanto en tierra como en los barcos. Una vez al año, la Marina invitaba a los mejores jugadores de baloncesto del servicio a las pruebas de acceso, y sólo eran elegidos doce jugadores por temporada para representar a la Marina. Estos chicos viajaban por todo el mundo e incluso jugaban contra el equipo olímpico de baloncesto de Estados Unidos si ese año se celebraban Olimpiadas. El equipo All Navy también jugaba contra otras ramas intermilitares, como los equipos del Ejército de Tierra, el de los Marines, el de las Fuerzas Aéreas e incluso contra los equipos de Guardacostas. Cuando te seleccionan para jugar en el All Navy, si estás embarcado y llega la hora de los partidos, te llevan allí por aire, te sacan de tu embarcación y te desplazan donde haga falta. No importa en qué parte del mundo estés. Te llevarán al lugar donde se celebren las competiciones siempre que el capitán del barco autorice tu viaje. Un año tuve el honor de jugar en el All Navy.

No importa si juegas en la Rucker, en la NBA, en la universidad, en el instituto o en el ejército: el baloncesto se basa en el corazón, en el talento y en muchas palabrotas. El resto, la basura que a veces rodea a este deporte, viene de otros, de los jugadores y también de los aficionados. En nuestro caso, del capitán del barco, que ni siquiera nos había visto jugar. Nuestro capitán contactaba con otros mandos y les avisaba para celebrar partidos en cuanto tocásemos puerto. Se jactaba de tener un gran equipo, de nuevo, sin habernos visto jugar. Aquello sí que era fanfarronería sin fundamento. En el equipo nos teníamos que asegurar de poder respaldarle siempre.

Llegábamos a puerto, alquilábamos un espacio y uno de los barcos organizaba un torneo. Nuestro capitán estaba tan seguro de que tenía el mejor equipo que apostaba por nosotros con los otros mandos. Después se me acercaba y me decía:

—Marvin, espero que lo hagas bien.

Eso significaba: "Más te vale ganar. Acabo de apostar por ti".

Y siempre lo respaldamos. En la primera temporada de estos partidos, nuestro récord fue de 86-2.

En 1985, en mi segundo año en la Marina, nuestro barco estuvo atracado en Bremerton, Washington. Todo lo que oía era Washington, y como nunca había oído hablar de Bremerton, pensé que íbamos a Washington D. C. Así que me hice la ilusión de estar más cerca de mi familia, de poder reencontrarme con todos después de dos años. Para mi sorpresa, Bremerton estaba en el estado de Washington, en el noroeste del Pacífico. Es decir, probablemente el lugar de Estados Unidos más alejado de mi familia y de Wallace, Carolina del Norte. Nuestro barco necesitaba reparaciones desde hacía tiempo, y el astillero naval de Bremerton era el mejor lugar de la costa oeste para llevarlas a cabo. Nuestro capitán estableció una asignación para vivienda para todos los miembros de la tripulación, de modo que pudiéramos elegir donde quedarnos durante nuestra estancia de más de un año en Bremerton. Yo opté por conseguir un apartamento y vivir en tierra durante mi estancia.

El hecho de estar destinados en Bremerton no impidió que nuestro equipo compitiera con los equipos de baloncesto de los colegios comunitarios locales y de las iglesias. El astillero naval tenía un gimnasio increíble y, en un momento dado, incluso organizamos nuestro propio torneo de baloncesto allí.

El astillero estaba situado en el centro de Bremerton, y se accedía a él por varias calles con tiendas y establecimientos comerciales. Estaba conectado con el centro de Seattle mediante un servicio de ferris que permitía a los ciudadanos atravesar a diario y con comodidad el Estrecho de Puget. Una tarde, mis amigos y yo nos dirigíamos al embarcadero de aquellos transbordadores, cuando la vi. Caminaba por la acera, en dirección a Bremerton; obligué a Bohannon a parar el coche en el que nos llevaba, lo que le llevó su tiempo, pero enseguida salté y corrí colina arriba para hablar con ella. En cuanto la vi, supe que estaba enamorado. Era la primera vez en mi vida que experimentaba el amor a primera vista. Quiero decir que amaba a Janaria, pero esto era completamente diferente. Cuando la alcancé, aquello fue una bendición de Dios, porque después de hablar durante un minuto, me dio su número de teléfono.

Estaba enamorado, pero tenía un problema: por aquel entonces ya estaba prometido. En aquel segundo año en el ejército, había hablado con mi padre por teléfono sobre Janaria. Me aconsejó arreglar las cosas con ella: era una buena chica, no la podía dejar siempre esperando: o nos casábamos o cortábamos.

Sabía que tenía razón porque ella había dejado su vida en suspenso por mí. Así que la llamé y le pedí que se casara conmigo, y ella accedió. Habíamos fijado fecha para el año siguiente. Estaba decidido y comprometido hasta que la vi.

Se llamaba Andrea y me gustaba todo de ella. Aún estaba en el instituto, pero era perfecta para mí. Empecé a pasar cada vez más tiempo con ella y a salir con sus amigos. Estaba enamorado y no me importaba nada más. Me enamoré tan loca y profundamente que olvidaba que estaba comprometido. Me olvidé hasta que un día, mi bruma de amor se desvaneció y me desperté con un intenso sentimiento de culpa. Tenía que contarle la verdad, que yo no era completamente libre para mantener nuestra relación. Cuando finalmente me decidí a contarle aquello a Andrea, se sintió muy dolida. Corrió a ver a su madre y le dijo que yo estaba prometido con otra chica.

Ya sabes cómo juegas en tu mente y lo planeas todo cuando tienes que confesar a alguien la verdad: eliges las palabras, intentas expresarlo de la forma que menos duela, luego lloran o gritan, y después les explicas cómo vas a arreglarlo. Pues bien, aquella conversación no fue para nada como la había planeado. En lugar de tratar la situación con Andrea, solo conseguí que su madre se me echara encima enfadada como una avispa, lógicamente cabreada porque salía con su hija estando comprometido con otra persona. La única salida era prometerles, a las dos, que lo arreglaría enseguida. Tuve miedo de perder a ambas en aquella situación.

Me sentí la persona más baja y terrible del mundo, aunque en el fondo, sabía que era lo correcto. Janaria lloraba por teléfono porque estábamos muy cerca del día de nuestra boda. Lo único que me quedaba por hacer era volver a casa, elegir mi traje y hablar con el pastor. Así de cerca estábamos de casarnos. Le razoné que podía mentirle, casarme con ella y engañarla, pero que ella no merecía ese trato. Le dije:

—Puede que ahora me odies, pero algún día lo superarás y te darás cuenta de que hice lo correcto.

Mi familia se enfadó mucho conmigo. Mi madre dejó de llamarme durante tres o cuatro meses, y mi padre cortó toda comunicación durante un año.

Arreglado aquello, volví a casa de la señora Phillips, la madre de Andrea y le pedí perdón, explicándoles que había roto mi compromiso. Quería a Andrea de todo corazón y habría hecho cualquier cosa por volver a caer en gracia en su casa. La señora Philips no estaba, desde luego, contenta conmigo, pero era una mujer y una madre maravillosa, y me dio una segunda oportunidad para volver a ganarme el corazón de Andrea. Ella, por su parte, seguía enfadada y dolida, pero también me dio otra oportunidad para quererla.

Con nuestro barco a punto de zarpar de Bremerton, Andrea me anunció que estaba embarazada. Yo estaba entusiasmado porque iba a tener un hijo con el amor absoluto de mi vida, pero mi trabajo se interponía en mi camino. Nos reasignaban a San Diego, California, y tuve que encontrar la manera de no dejarla desatendida. Justo antes de partir para aquellas maniobras que terminarían en San Diego, le pedí a Andrea que se casara conmigo. Si nos casábamos, ella y mi hijo estarían cubiertos por mis prestaciones médicas y recibirían la mejor atención posible.

Así que nos casamos en una ceremonia muy sencilla, porque yo no podía afrontar algo más costoso, y sabía que mi familia tampoco podía permitirse venir. Yo iba trajeado y ella eligió un vestido que dejaba traslucir su creciente barriga. Fue perfecto para mí, simplemente porque ella era todo lo que yo necesitaba: el amor de mi vida. Marché a mis maniobras. El Día del Padre, el 19 de junio de 1986, recibí un telegrama anunciándome que Andrea había dado a luz a mi hijo, Marvin Gaye Williams Jr. Nunca me sentí más orgulloso en toda mi vida.

* * *

Durante mi tercer año en la Marina, mi capitán empezó a tratarme más, él creía que yo tal vez no debía estar en la Marina, que estaba capacitado para jugar al baloncesto en la universidad. Para entonces, habíamos vuelto al puerto de San Diego y uno de los equipos de baloncesto universitario de la zona nos invitó a ser los anfitriones de uno de sus torneos. En aquella competición participaban la Universidad de Mississippi, la *Old Miss*, la Universidad Estatal de Arizona, la Universidad Estatal de San Diego y la

Universidad de Michigan. Eran potencias nacionales del baloncesto universitario pero nos habían invitado a competir en aquel torneo y nuestro equipo aceptó el reto y jugó con todas sus fuerzas. Jugamos tan bien que todos los ojeadores de las universidades vinieron a vernos al barco. Algunas universidades estaban tan interesadas en mí que consultaron con mis mandos sobre las posibilidades de rescindir mi contrato con la Marina. Mi capitán llamó a Washington D. C. para ver qué opciones tenía, se cobró algunos favores y, al final, me dejaron rescindir mi contrato.

Había recibido una invitación de la Universidad Estatal de Arizona y una oferta preliminar de beca completa para jugar al baloncesto. Visité el campus y me entrevisté con el entrenador. Le advertí que tenía familia y que sólo podría aceptar su oferta si mi familia, mi mujer y mi hijo, podían vivir en el campus conmigo. El entrenador no lo dudó: me aseguró que haría lo posible por alojar a mi familia porque realmente quería que jugara en la universidad. Me pareció el plan perfecto porque ahora Andrea y yo podíamos formar un hogar el uno con el otro, y yo podía pasar más tiempo con mi hijo.

Así que elegí Arizona State. Tenían un defensa que me gustaba mucho y tuve que jugar contra él. Jugaba como Larry, el hermano de Michael Jordan. Así que nos llevamos muy bien. Siempre me ponderaba lo maravillosa que era Arizona y el entrenador, Steve Patterson, también era genial. Un tipo grande, de 1,90 m, amable como el que más. Cuando les anuncié que aceptaba su oferta, todo el mundo se emocionó. Después hablé con Andrea sobre aquel plan, sobre aquel apartamento familiar preparado para cuando llegáramos, con espacio más que suficiente para acomodarnos a mí, a ella y al pequeño Marvin. Su respuesta me sorprendió: no quiso venir, me dejó claro que podía irme yo solo. Ella y mi hijo no iban a dejar Bremerton, a su madre y todo lo que conocían. Tenía todo lo que necesitaba allí y no quería marcharse. Siempre me encantó cómo ella y su madre apoyaban sin fisuras todos mis sueños, y en aquel momento también querían que viviera mi sueño, solo que sin ellas.

Pero yo quería a mi familia y la quería a ella, y no quería dejarlos, tenía que buscar otro lugar para jugar al baloncesto porque lo único que quería era estar con mi familia. Así que llamé al entrenador Patterson y le pedí disculpas porque, al final, no podía aceptar la oferta. Y regresé a Bremerton, donde Andrea y su madre ya lo habían solucionado todo: podía entrar en el equipo de baloncesto del Olympic College (OC). El Olympic College era un equipo local de Bremerton que jugaba contra otros equipos universitarios del estado de Washington. André, el hermano gemelo de Andrea jugaba al baloncesto en una universidad de Tacoma, a unos treinta minutos de Bremerton. Si fichaba por el OC, él y yo podríamos competir entre nosotros. Me puse en contacto con el entrenador de baloncesto del OC e hice lo necesario para entrar en su equipo.

Creo que Andrea se sentía culpable por rehusar venir conmigo a Arizona a jugar, así que me apoyó mucho jugando en OC. No quería decepcionarme, se había ofrecido a cuidar del pequeño Marvin mientras yo jugase en Arizona. Lo que ella no entendía era que no importaba dónde jugara: mientras los tuviera a ellos, no tenía más remedio que triunfar. Era como la historia que contaba Napoleon Hill en su obra *Piense y hágase rico*. Cuando quemas las naves, no tienes más remedio que seguir adelante y triunfar. Y eso es lo que hice. Tenía que seguir adelante y alcanzar el éxito. Mientras tuviera a mi familia, sabía que podía conseguirlo.

Capítulo 9

Cuando creces en un entorno duro, en el que te maltratan, viendo a tus padres luchar siempre por el dinero y presenciando como las personas a las que más admiras y en las que más confías no saben quererse, eso te afecta. Sus acciones te marcan de un modo indescriptible. Todos tenemos historia, esa secuencia de acontecimientos que inconscientemente determina como te ves a ti mismo, a tu entorno y a los demás. Los efectos de las decisiones instantáneas de nuestros predecesores están presentes en nuestra vida. Jugar al baloncesto siempre parecía equilibrar mi entorno, me proporcionaba una forma de poner en jaque a lo que me rodeaba, a mi familia y a mí mismo, al menos el tiempo suficiente para alcanzar cierto equilibrio. ¿Cómo puedes mantener el equilibrio cuando la nueva circunstancia con la que tienes que lidiar, una mujer y un hijo, es algo que nunca has visto hacer bien? ¿Cómo gestionas tu vida cuando lo más importante que tienes que hacer es cuidar de ellos de una forma que nunca antes habías experimentado?

¿Cómo mantienes todo lo negativo que has vivido alejado de esta nueva y maravillosa vida? Pues no lo consigues. No puedes, porque en el fondo no eres lo bastante maduro para entender que toda esa mierda por la que has pasado te cubre como una capa. Si ni siquiera sabes que está ahí, ¿cómo puedes entonces evitar que todo eso arruine a tu increíble familia?

Bueno, si alguien lo descubre, ¿me lo hará saber? Porque la verdad es que yo todavía estoy intentando averiguarlo. Cuando nació mi hijo, no tenía ni idea de que yo pudiera parecerme tanto a mi padre. Nunca tuve confianza para contar a las personas de mi entorno los problemas por los que estaba pasando. No tenía ni idea de cómo formar una familia feliz. Nunca vi una. Ningún hombre de mi familia era cariñoso ni te abrazaba. ¿Cómo vas a hacer algo que nunca has visto hacer antes? Yo solamente había aprendido que los buenos esposos y padres solo tenían una obligación: tenía claro que mi trabajo era ser un buen proveedor.

¡Maldita sea! Andrea y yo estuvimos luchando contra esto desde el minuto uno. Intenté aprender a ser un buen marido sobre la marcha. Pero, de nuevo, ¿cómo vas a ser un buen marido si nunca has visto a un buen marido? Mi padre tuvo diecinueve hijos y mantuvo dos familias. Estuvo casado con una mujer conocedora de su relación con mi madre, a pesar de lo cual permaneció con él y aceptó todos sus defectos. Al mismo tiempo mantenía su relación con mi madre y eran alcohólicos y se maltrataban físicamente.

Mi abuelo era el jefe y mi abuela hacía todo lo que él mandaba. Así eran las cosas: las mujeres se limitaban a hacer lo que el hombre ordenaba. Yo no tenía, ni quería realmente, una mujer que fuera sólo mi sirvienta. No quería una mujer que dejara de lado todas sus necesidades, pensamientos, dones y familia sólo para poder estar conmigo. No quería una mujer a la que pudiera maldecir, sobre la que pudiera descargar todos mis problemas y cargas, y con la que pudiera pelearme, sólo para poder decir que habíamos estado juntos siempre. No quería aquello, pero no era lo suficientemente maduro como para expresar lo que sí quería o para conseguir esa vida familiar feliz que siempre había imaginado.

Lo único que parecía poder controlar en aquella época era que aún podía jugar al baloncesto. Quería a mi mujer y a mi hijo. Regresaba a casa todos los días para intentar demostrarles que les quería con todo mi corazón, pero era cruzar la puerta y enzarzarnos en una pelea. Andrea lo describe ahora así:

> *Estaba enfadado y exigente todo el tiempo. Siempre era muy negativo. Yo no siempre era positiva porque también tenía mucho con lo que lidiar. No había conseguido el título de bachillerato porque dejé el instituto al tener al pequeño Marvin. De vez en cuando tuvimos que vivir con mi madre, pero estaba ahí para cuidar de mi hijo en cualquier circunstancia, incluso esos días en los que no había dinero ni para comprar pañales. Pero cuando Marvin volvía*

a casa, siempre estaba enfadado por algo. Siempre estaba enfadado conmigo. No le vi contento en casa, o eso me parecía. Nunca me planteé si nos quería. Simplemente no podía entender por qué demonios estaba tan enojado todo el tiempo. Yo lo amaba, pero sabía que no se podía vivir enfadados o peleados todo el tiempo. Solo dejábamos de pelear cuando el tipo jugaba al baloncesto.

Recuerdo que un día ella y yo estábamos discutiendo en casa de su madre, y ella tenía al niño en brazos. En medio de la pelea, me acordé de cuando mis padres discutían, lo que sentía al verlos. Recuerdo que pensé que *no quería eso para mi hijo, que la única imagen que recordase de nosotros dos fuese cuando nos peleábamos*. Internamente surgió aquel propósito: *esto tiene que cambiar*. Recuerdo que pensé: *Ninguno de los dos se merece esto*. Merecían una mejor versión de mi persona. Merecían en mí alguien que les quisiera y les hiciera la vida mejor, no peor. No se merecían a alguien que arruinase sus vidas.

Ahora, al evocar aquella época, recuerdo haber pensado todas esas cosas, pero el cambio real requiere madurez, y yo no la tenía. Yo era lo bastante maduro como para presenciar peleas y golpes, para encajar los abusos entre mis padres, para saltar del trampolín a la piscina consciente de no saber nadar. Pero nunca fui lo suficientemente maduro como para admitir ante la persona que amaba que tenía un problema que no podía ni sabía solucionar, ni para buscar ayuda profesional con idea de fortalecer nuestra relación ni para averiguar cómo dejar de utilizar tu pasión como vía de escape para huir de todos tus problemas y olvidarte de que existen aunque sólo sea por un momento. Nunca lo fui. En lugar de eso, seguí repitiendo el ciclo de abusos que había sufrido.

En mi primer año jugando al baloncesto en el OC hice buenas migas con mi entrenador, Dave Sturgeon. Dave tenía unos cuarenta años y estaba muy preocupado con su salud. Congeniamos de inmediato. Disfrutaba de una beca completa para jugar al baloncesto y sentía que estaba en el buen camino hacia mis sueños. Mi suegra, una de las personas más increíbles que he conocido, era mi ángel. Siempre que necesitaba hablar o consultar otro punto de vista sobre cualquier tema, la señora Phillips era mi principal apoyo. Me recordaba a Chiney, nuestra predicadora local en Wallace, allá en Carolina. Cuando la señora Phillips mandaba saltar, tú saltabas. Además era muy amable y cariñosa y sabía invocar para cada momento el perfecto pasaje de la palabra de Dios. Siempre amaba y perdonaba, era severa y paciente al mismo tiempo. Se que Dios me bendijo con ella. También le encantaba el baloncesto, siempre la teníamos en las gradas, animándonos a mí y a su hijo André. Estoy seguro de que para ella era difícil decidir a quién animar cuando jugábamos el uno contra el otro, pero lo conseguía. La señora Philips fue la primera persona con la que hablé después de que me aceptaran en OC.

Aquella primera temporada terminó 3-21, fue un mal año por numerosas razones. El entrenador Sturgeon fue contratado con retraso en la temporada, yo mismo llegué justo antes de que empezara. Mi compañero de equipo Eric Cole, un increíble base de 1,75 metros con un bonito tiro en salto, también llegó muy tarde. No tuvimos la oportunidad de conectar con nuestros compañeros de equipo. Simplemente concurrieron muchas circunstancias negativas, pero lo que nos faltaba en victorias, lo ganábamos en solidez. Nos unimos en torno a nuestro entrenador y nos encantaba jugar al balón juntos. Yo era el único jugador casado y con familia, pero tras la decepción de la temporada, aquello también iba a cambiar.

Al final de mi primer año de universidad, Andrea y yo decidimos divorciarnos. Con todo dicho y las gestiones terminadas, tuve claro que el divorcio había sido culpa mía. Sabía que no tenía nada que ver con ella, sino conmigo. Yo era el problema. Ella me había dado todo lo que se podía pedir. Yo no supe cómo manejarlo. Lo único bueno de aquella ruptura fue que, aunque Andrea y yo ya no estábamos casados, nunca perdí su apoyo ni el de su familia. La señora Philips seguía tratándome como a un hijo, y nunca perdí la relación con los hermanos y la hermana de Andrea. Seguían incluyéndome en sus vidas, especialmente André, con quien seguía compitiendo en la cancha de baloncesto desde que recibió una beca en el Pierce Community College de Tacoma. A pesar de este gran cambio en mi situación, había conservado lo más importante: seguía teniendo pleno acceso a mi hijo. Andrea incluso se encargó de que mi hijo estuviera conmigo seis meses al año para que su presencia no me presionara demasiado mientras estudiaba.

Con este cambio en mi situación, el entrenador Sturgeon intervino y nos ayudó económicamente, tanto a Andrea como a mí, con las necesidades de mi hijo. Los directores deportivos del OC me dieron trabajo. Tuve suerte porque, aunque fue uno de los momentos más duros de mi vida, Dios tuvo a bien rodearme de ángeles. Sabía que no iba a ser fácil, pero conseguí la ayuda que necesitaba para seguir queriendo y cuidando a mi hijo. Podía apoyar a Andrea, que seguía siendo el amor de mi vida, de la mejor manera que sabía. También tenía un núcleo familiar en el que podía confiar, y seguía teniendo el baloncesto. Y además recibí un apoyo inesperado de mis compañeros de la Marina cuando se enteraron de dónde había aterrizado jugando al baloncesto. Mis amigos Lee Glossett, Mark Hopkins y Mason Brown, compañeros con los que jugué en la Marina, vinieron a verme jugar, lo que significó mucho para mí.

Durante mi transición de casado a soltero me machacaba en el gimnasio. Una vez terminada la temporada, procuré asegurarme de estar preparado para todo lo que el baloncesto pudiera depararme. Un día, André nos presentó a una chica que iba a su colegio. Valarie era una chica preciosa, una cautivadora mezcla de herencias mexicana y afroamericana. Era una atleta que practicaba dos deportes en el Olympic College.

Valarie y yo empezamos a salir y fui completamente sincero con ella. Le dije que tenía un hijo y que mi exmujer vivía en Bremerton. Le hice saber que, aunque ya no estábamos casados, seguíamos muy unidos, y que ella y su familia seguían siendo mi familia. André ya le había contado la situación con su hermana, pero quería que lo supiera por mí. No consentí cometer el error de pensar que Andrea no seguía siendo una parte importante de mi vida y de mi sistema de apoyo, además de ser la madre de mi hijo. Valarie había sido adoptada de niña y estaba muy abierta a la idea de la familia ensamblada. Se portó de maravilla con mi hijo y agradecí mucho su presencia en mi vida.

Mi segunda y última temporada con OC fue la de 1989, la más emocionante. El entrenador Sturgeon pasó el verano reclutando a los jugadores más dotados que pudo encontrar. Consiguió a un chico de la Seattle Prep High School, Dan Jones, de 1,85 m. Dan tenía una gran envergadura, era súper agresivo y valiente. Fue el máximo anotador de la temporada. En su tercer y último año de instituto, su entrenador no le hizo jugar mucho, por lo que no había sido reclutado. Tenía mejores ofertas de otras escuelas, pero el entrenador me permitió ir a conocer a Dan y a su madre, Georgia, para ver si yo podía diferenciarnos de la competencia. En cuanto Dan y yo nos conocimos, congeniamos. Durante aquella entrevista, le pedí de buenas a primeras que se viniera con nosotros, y, sin dudarlo, aceptó. Dan y yo seguiríamos siendo amigos toda la vida. El entrenador también reclutó a un chico que tenía madera de NBA: Eric Smiley, de 1,88 metros. El mayor reto con Eric era que traía consigo ciertas cargas de naturaleza legal al incorporarse a OC, de las que no había podido desvincularse. Su novia en aquel momento era parte del problema, pero se la había traído a OC permanentemente. Eric hizo algunos partidos de cincuenta puntos con OC. Era increíble verle desarrollarse como jugador, pero aquellas cuestiones legales no le dejaban en paz.

El entrenador Sturgeon consiguió otros grandes talentos, como Nick Dennis, Brian Driskall y Rick Jones, hermano de Dan, que nos dieron altura, fuerza, agresividad y puro corazón. Había encontrado jugadores con un alto coeficiente intelectual aplicado al baloncesto y que también sabían jugar en equipo. En los primeros diecinueve partidos de la temporada, anotamos nada menos que 100 puntos por partido. Estuvimos invictos hasta que nos enfrentamos al Pierce Community College. Con todas esas victorias y teniendo uno de los equipos más anotadores del país para una universidad junior, empezamos a recibir reconocimiento nacional. Creo que tanta atención puso nervioso al entrenador porque empezó a cambiar. Empezó a entrenarnos de forma diferente.

Por ejemplo, en un partido contra un colegio comunitario de Tacoma, debimos haber ganado a este equipo en su campo, pero no lo hicimos. Por alguna razón, el entrenador se enfadó mucho, ni siquiera nos dejó cambiarnos los uniformes después del partido. En lugar de eso, nos hizo subir al autobús y regresar a nuestro gimnasio. Cuando llegamos, ya había llamado a los medios de comunicación locales y nos hizo entrenar desde las 11 de la noche hasta las 2 de la madrugada. Desgraciadamente, esa no sería la única vez durante la temporada que nos hizo maniobras como aquella. Otra vez que viajamos a Canadá para un fin de semana de partido y también perdimos, se negó a darnos el dinero de la comida para el viaje de vuelta, y además nos llevó a las instalaciones cercanas, donde precisamente estaba jugando nuestro equipo de baloncesto femenino y nos hizo correr por la cancha durante dos horas. En aquella temporada hubo un momento en que jugamos diez partidos en once días, el peor calendario de cualquier equipo universitario. Aquella campaña fue dura, pero salimos de ella fortalecidos y más unidos que nunca. Nos mantuvimos unidos incluso cuando algunos tomamos caminos divergentes.

Durante aquella difícil temporada, visitamos una pequeña escuela de la primera división, la Warner Pacific College, una pequeña universidad cristiana de artes liberales con una matrícula de unos 1.400 estudiantes situada en Portland, Oregón. Viéndoles jugar, me fijé en cómo el entrenador interactuaba con sus jugadores. Aquel entrenador tenía fama de conseguir que sus jugadores entraran en la NBA. Después de nuestro partido, supe que quería jugar para él. Hice los trámites para entrar en aquella universidad, y Valarie acabó consiguiendo una beca para jugar allí al voleibol y al sófbol. Fue duro despedirme de mis compañeros, pero estábamos tan unidos que todos me apoyaron en mi deseo de trasladarme. No fui el único: otros compañeros del OC acabaron haciendo traslados que fueron muy beneficiosos para sus carreras universitarias. Yo acepté una beca en la Warner Pacific, y Brian Driskell me seguiría después allí. Dan consiguió una beca completa para Boise State, Rick se marchó a la Western Washington University para jugar al fútbol, Nick se casó y tuvo hijos, mientras que Eric acabó desgraciadamente enredado en aquel asunto legal con que ya llegó a OC.

Capítulo 10

Valarie y yo nos mudamos a Portland para poder seguir estudiando. Estaba preparado para jugar al baloncesto hasta que me enteré de que el entrenador para el que quería jugar había aceptado un puesto como entrenador principal de baloncesto en nuestra escuela hermana de Florida. Me encontré entonces jugando para un entrenador al que estoy bastante seguro de que no le gustaba, o que al menos no sabía cómo entrenar a jugadores afroamericanos. El nuevo entrenador era Dan Dunn, de Texas. El entrenador Dunn llegó a la Warner Pacific con su mujer y sus hijos. Tenía tres, uno de ellos tetrapléjico. Había aceptado el puesto con la esperanza de que el clima de Portland le beneficiara.

La Warner Pacific College no era una institución especialmente variada, así que tanto Valarie como yo tuvimos dificultades para adaptarnos. Bremerton tampoco lo era, pero el ambiente de la Warner Pacific hacía que la OC pareciera Atlanta. Aguantamos allí dos años, a pesar de que el entrenador Dunn estaba afectando a mi juego. Por muy jugador de equipo que intentara ser, el entrenador Dunn hacía todo lo posible para asegurarse de que no jugara el tiempo que merecía. El año que llegué también había fichado a un chico blanco de Oregón. Era un chico muy inteligente y tranquilo. Jugó de base en mi primera temporada en Warner. Brian me había seguido desde OC y yo sabía cómo jugaba de base. Sin pretender quitar mérito a aquel chaval, Brian tenía experiencia y era listo. Sabía cómo llevar el equipo. Pero por mucho que aquel base de Oregón la cagara, el entrenador Dunn no lo sacaba de los partidos.

En los dos años que jugué en la Warner, sólo estuvimos dos afroamericanos jugando para él, a pesar de que la población estudiantil allí era de 1.400 alumnos. Los dos jugadores afroamericanos éramos Anthony Cryer y yo. Anthony medía 1,90 m y era de Seattle. Como éramos los dos únicos del equipo, enseguida estrechamos lazos. Anthony era un base delgado, pero también podía jugar de escolta. Era muy inteligente y agresivo en su juego. Me encantaba jugar con él porque te hacía jugar duro y no temía a nadie.

Hubo un partido en el que jugamos contra el Multnomah Bible College en casa. Hice un partido increíble. Sólo en la primera parte, anoté treinta y dos puntos. Durante toda la segunda parte, el entrenador Dunn me tuvo sentado en el banquillo. El novato de Oregón no conseguía encestar y cometía un error tras otro. El entrenador Dunn no lo sacaba del partido, y yo no entendía por qué. Al día siguiente, fui a verle a su despacho. Necesitaba entender su razonamiento para sustituirme cuando estaba haciendo un partido tan bueno. Cuando le pregunté la razón de aquello, me dijo que debería haberme alegrado porque había hecho un gran partido.

Le respondí bruscamente:

—Estoy de acuerdo, pero ¿por qué relevarme si estaba haciendo tan buen partido?

En este punto se enfadó de verdad y me respondió:

—¿Qué querías hacer? ¿Marcar cuarenta puntos por noche?

No entendí su lógica. ¡Por supuesto, quería anotar cuarenta puntos por noche! ¿Quién no querría anotar más de 40 puntos en un partido? Tuve que salir de su despacho porque aquella conversación solo podía ir a peor.

Después, cada vez que iba a verle a su despacho, me hacía sentar en una silla mientras él, de pie, me hablaba marcando su superioridad. Evidentemente, intentaba demostrar su poder sobre mí. Nada cambiaba tras mis enfrentamientos con él, cuando le decía lo que sentía sobre cómo me estaba ninguneando. Siempre hacía esa demostración de poder y luego todo seguía igual en la cancha. Me vi obligado a dirigirme al director deportivo de la escuela, que pudo comprobar lo que aquel tipo hacía en la cancha. En un momento dado, el director deportivo tuvo unas palabras con él. Lo siguiente que supe fue que el director deportivo fue trasladado a otra escuela y el entrenador Dunn asumió su cargo.

Yo no era el único jugador que tenía problemas con el entrenador. Anthony Cryer pensaba lo mismo sobre cómo el entrenador dejaba a los jugadores blancos hacer lo que querían mientras que a él y a mí nos limitaba el tiempo de juego. Anthony acabó tan harto de aquella forma de dirigir el equipo que se planteó dejarlo. Como tenía claro que el entrenador no iba a hacer nada para retenerle, conseguí que algunos de los jugadores fueran a hablar con él y le convencieron para que volviera al equipo y terminara la temporada. Necesitaba a Anthony en el equipo conmigo. Era el jugador inteligente que te impulsaba a jugar siempre al máximo. Merecía más respeto por parte del cuerpo técnico; en su lugar, lo mejor que pude hacer fue darle todo el respeto que pude y, como equipo, pudimos construir las relaciones que necesitábamos para alcanzar el límite de nuestras capacidades a pesar del entrenador.

Así, los dos conseguimos culminar nuestro último año en la Warner Pacific College y a continuación nos fuimos de allí: Anthony regresó a Seattle y yo fiché por la Western Washington University. Como mis días universitarios jugando al baloncesto habían terminado, cumplía con esto una promesa que le hice a Valarie. Le tenía prometido que cuando se acabara el baloncesto para mí, iríamos a donde ella quisiera. A ella le gustaba la Western Washington porque era mucho más diversa que la Warner Pacific. Mudarme a la Western Washington no cambiaría en nada mi régimen de visitas con el pequeño Marvin, Andrea siempre fue increíblemente flexible mientras yo estuve estudiando, así que Valarie y yo nos mudamos. Estudiar allí supuso un gran cambio para mí. El tamaño de las clases era de cien alumnos por profesor, mientras que en la Warner Pacific y OC apenas éramos diez. Experimenté algunas dificultades por no tener el mismo acceso directo a los profesores, porque ya no podía recibir ayuda personalizada para asegurarme los aprobados, pero seguí adelante.

Como seguía gustándome jugar al baloncesto, empecé a jugar a lo que llamaban *baloncesto de mediodía,* que consistía básicamente en jugar con antiguos estudiantes de la Western Washington en la pausa del almuerzo. Eran chicos que ya no jugaban en la universidad, pero que querían seguir jugando. Yo no había renunciado a mi sueño de jugar al baloncesto más allá de la universidad, me planteaba seriamente llevar mis habilidades a la NBA, así que me mantuve en forma hasta que llegara el momento. También acepté un trabajo a tiempo parcial por la noche, trabajando en AL's Auto Supply, cinco noches a la semana, para asegurar la manutención de mi hijo. Y a mediodía, jugaba al baloncesto los días lectivos.

En uno de aquellos partidos del almuerzo, el entrenador de baloncesto masculino de Western Washington vino a la cancha a vernos jugar. Después, se acercó a mí y me sugirió que probara en la liga profesional menor de baloncesto, la llamada CBA, ya que en aquella época, el Estado de Washington tenía dos equipos en ella. El entrenador tenía un amigo que trabajaba para uno de los equipos. Llamó por teléfono y ese verano me hicieron una prueba en Yakima, Washington. El equipo se llamaba Yakima Sun Kings. Mientras yo me preparaba para lo que se perfilaba como mi próximo gran éxito en el baloncesto, Valarie se preparaba para salir de mi vida. Empezó con aquello de que pensaba que sería mejor que saliéramos con otras personas. Al final de nuestro primer año en la Western Washington, nos separamos para siempre.

Capítulo XI

Emprendí un nuevo capítulo de mi vida. Me planteaba seriamente la posibilidad de convertirme en jugador de la NBA. También pensé en la posibilidad de que Andrea y yo pudiéramos reconciliarnos y criar juntos a nuestro hijo. Durante mis años en la universidad, la señora Philips y yo habíamos hablado de ello. Cada vez que Andrea y yo estábamos juntos, ella veía el amor que nos teníamos. Me decía:

—Sé que sigues enamorado de ella.

Intenté, no obstante, no crearme falsas esperanzas, pero los dos estábamos solteros y quizá había llegado el momento de volver a intentarlo. Y aunque lo intentamos, durante dos semanas enteras, ambos nos dimos cuenta de que no iba a funcionar. No porque no nos quisiéramos. Fue porque descubrimos que apreciábamos más nuestra amistad. Nos queríamos y nos respetábamos. Trabajamos duro para demostrarle a Marvin Jr. que estábamos unidos en el amor hacia él. A diferencia de los hombres de mi familia, me había propuesto besar y abrazar a mi hijo todo lo posible. Me aseguré de decirle que le quería cada vez que tenía ocasión. Andrea me dejaba participar en lo posible en todos los días de su vida, pero en cuanto a ser pareja, tuvimos claro que habíamos superado esa etapa. Amigos era lo mejor que podíamos ser para él.

Empecé a prepararme para mi prueba de verano en Yakima (Washington), en el campus de la Western Washington. El entrenador de baloncesto masculino que me consiguió la prueba me ayudó todo lo que pudo con el acceso al gimnasio y al equipo para entrenar. Seguí jugando al baloncesto de mediodía para mantener afiladas mis habilidades. Algunos días, la entrenadora adjunta del equipo femenino venía y se unía a nosotros en algunos de esos partidos. Se tenía ganado el respeto de todos los chicos por su habilidad con el balón. Era una adicta al baloncesto, como yo, y con el tiempo congeniamos y empezamos a salir. Se llamaba Cathy Crosslin.

Cathy se había criado en Bellingham, Washington, y era la mayor de los cuatro hijos de sus padres. Su abuela se había casado con varios hombres ricos que al morir les dejaron bien situados. Ni que decir tiene que Cathy no tenía problemas económicos. Mientras estuvo saliendo conmigo, su abuela estuvo muy descontenta con ella: nunca le gustó que su nieta saliera con un negro. Usaba su poder sobre la familia para vetarme en las vacaciones o las reuniones familiares, en las que yo no podía participar. Básicamente, no me podía ver. Sin embargo, tanto el padre como el padrastro de Cathy eran hombres increíbles, con los pies en la tierra, auténticos, que nunca se dejaron llevar por la idea de utilizar su riqueza como arma. El padrastro de Cathy era tan rico que acabó creando una de las empresas de multipropiedad con más éxito del mundo. A pesar de sus logros, era simpático y nada engreído. A Cathy le encantaban los deportes y entrenar, y soñaba con llegar a ser algún día entrenadora de un equipo femenino de baloncesto en una universidad importante. Cathy y yo salimos durante diez años y, con el tiempo, llegué a conocer a toda su familia.

Ella, por su parte, ya destacaba como entrenadora ayudante del equipo femenino de baloncesto de Western Washington. Era una gran entrenadora y conseguía que sus jugadoras se esforzaran hasta alcanzar niveles de éxito que nunca imaginaron que podían alcanzar. Sabía cuánto había que presionar a una jugadora para que diera lo mejor de sí misma. Ante la inminencia de mis pruebas, era la persona perfecta para ayudarme a preparar aquello lo mejor posible. Las pruebas eran abiertas, para todos los jugadores que quisieran fichar en el equipo en la próxima temporada. Pero para poder presentarse a las pruebas, cada jugador tenía que pagar una cuota no reembolsable de 250 dólares, y sólo se admitían cuarenta jugadores por temporada. Las pruebas duraban siete días, en los que nos ejercitábamos y se practicaban jugadas. Los entrenadores observaban lo rápido que aprendías porque, después de pasar el día practicando, separaban a los aspirantes en dos equipos y comprobaban cómo poníamos en práctica las jugadas que habíamos aprendido ese mismo día y luego iban descartando jugadores, porque querían seleccionar a los diez mejores. Aquellos diez serían considerados su equipo de estrellas, del cual se extraerían los que finalmente ingresarían en el equipo titular.

Estaba preparado para lo que me deparara la prueba. Estaba en plena forma y confiaba en poder competir con cualquiera. No sabía qué buscaban los entrenadores, qué tamaño, tipo o posición, pero no importaba. Si podía competir con jugadores de la talla de Michael Jordan, Kenny Gattison y el talento puro de los chicos de la Rucker, me consideraba preparado. Cathy me ayudó a ponerme en la mejor forma física y mental. ¡Estaba preparado!

Cuando llegué a la prueba, había cuarenta jugadores. Por supuesto, todos estábamos nerviosos porque no sabíamos qué esperar, pero entonces empezó la preparación. A medida que avanzaban las pruebas, todos los nervios se iban disipando y cada uno demostraba sus habilidades. Mis pruebas fueron muy bien. Cada día, los entrenadores iban eliminando jugadores, pero yo seguía sobreviviendo al corte. Al final de la semana, los entrenadores dieron a conocer su equipo de estrellas, y yo había pasado de nuevo el corte. El siguiente paso fue sobrevivir al último partido de las estrellas porque, justo antes de aquel partido, los entrenadores revelaron que sólo necesitaban un base y un escolta. Yo podía jugar en cualquiera de las dos posiciones, así que me veía con posibilidades de cara a la final.

El partido de las estrellas estuvo repleto de talento. Lo dimos todo. Como jugador que luchaba por un puesto, todos queríamos permanecer en la cancha todo el tiempo que pudiéramos. A mí me tocó jugar todo el partido. En uno de los tiempos muertos, uno de los ayudantes del entrenador se le acercó y le indicó que tenía que elegirme para el equipo. Al final del último tiempo, los entrenadores me felicitaron por el gran partido que había hecho. Me dijeron que estaban seguros de que sería una gran incorporación para el equipo pero que había un último inconveniente: desde la NBA habían advertido de que necesitaban enviar a un jugador que había sido seleccionado pero que aún no estaba listo para jugar. Esa noche recibí la llamada. La NBA les había endosado a aquel jugador que necesitaba un poco más de desarrollo, así que no conseguí aquel puesto en el equipo.

No podría haber hecho más por esa prueba. Exhibí mis habilidades y les mostré el jugador potente que podrían haber tenido en mí, pero en el último momento no se alinearon todas las estrellas. Tuve que volver a casa y reagruparme para ver qué venía luego. Por supuesto, me habría encantado jugar a ese nivel y llamar la atención de la NBA, pero cuando miro atrás, ya me siento muy orgulloso de haber formado parte del equipo de las estrellas. Ser uno de los diez mejores jugadores de aquellas pruebas significaba que estaba en el buen camino. Sólo tenía veinticuatro años. Aún estaba a tiempo de hacer realidad mi sueño.

Yo ofrecía más que los demás jugadores, más motivación para esforzarme y alguien por quien jugar. Mi hijo era mi premio, ganara o perdiera en la prueba. Marvin junior tenía dos años y no le importaba si yo entraba en el equipo. Le importaba que yo estuviera allí, que pudiera ver su cara sonriente. Le importaba que lo tomara en brazos para ver lo que había crecido desde la última vez que lo había visto. Marvin Jr. era mi orgullo y mi alegría. No importaba lo que fuera mal en el mundo, él siempre era mi estrella brillante y resplandeciente. Yo quería ser más para él y para su madre, pero me sentía tan feliz con su sola presencia que aquello me proporcionaba combustible para seguir empujando cada día hacia mi sueño.

Con mi hijo en mente, ahora que además podía pasar más tiempo con él, decidí que era el momento de seguir optando a pruebas, de obtener mi titulación académica y de mantener la esperanza de entrar en la NBA para poder mejorar su vida. Como la vida universitaria en la Western Washington era toda una lucha, pedí de nuevo el traslado de vuelta a la Warner Pacific en Portland. Andrea y yo acordamos que Cathy se traería a Marvin Jr. cuando viniera a visitarme. Ella seguía entrenando al equipo femenino de baloncesto en la Western Washington, así que tenía poco tiempo para venir de visita. Pero en junio de 1993 me licencié en la Warner Pacific con Cathy entre el público y mi hijo en brazos.

Graduarme en la universidad fue un gran logro para mí y para los míos. Con mi título, fui la primera persona de mi familia en graduarse en la universidad. Cathy grabó en vídeo mi graduación, lo que permitió a mis padres verme subir al escenario y recibir mi diploma. Y no recibí solo mi diploma, sino que compartí mi paseo por el escenario con mi hijo. Tenerlo en mis brazos fue el segundo mayor logro de mi vida. El día que mi hijo vino al mundo fue el primero.

En aquel momento rebosaba gratitud. Estaba agradecido a Cathy por su amor, su apoyo y por empujarme a ser la mejor versión de mí mismo. Nunca dejó de apoyar lo que yo quería para mí y para la vida de mi hijo. Estaba agradecido a Andrea, no solo por dar a luz a mi hijo, sino también por permitirme perseguir mis sueños y seguir apoyándome incluso cuando no entendía del todo lo que estaba haciendo o por qué lo estaba haciendo. Estaba agradecido a la Sra. Phillips por seguir siendo una voz de la razón y un hombro en el que llorar cuando lo necesitaba. Daba las gracias a mis padres, a mis hermanos y a mi hermana. Estaba agradecido por todo el apoyo de los amigos con los que me relacioné a lo largo del viaje. También estaba agradecido al baloncesto por ser ese amigo fiel, el que siempre estaba ahí, para mí, de una forma u otra.

Después de graduarme, me quedé en Portland, en la Warner Pacific, durante un año más, durante el cual tuve la oportunidad de jugar con algunos jugadores profesionales de baloncesto de los Portland Trailblazers. Jugaba con Rod Strickland y Cliff Robinson en la Universidad de Portland para mantenerme en forma. Jugamos algunos partidos increíbles y, en una ocasión, pasando el rato Rod y yo, me preguntó por qué no jugaba a nivel profesional. Contesté que porque no tenía un agente que me ayudara a conseguirlo. Rod se propuso como misión personal ponerme en contacto con un buen agente. Consiguió presentarme a Robert Reed, jugador de los Houston Rockets, el cual a su vez me presentó a su agente, que finalmente me puso en contacto con John Lucas.

John Lucas era ex jugador de la NBA y había organizado un equipo de verano en la USBL en Houston (Texas). Se había retirado de la liga y había fundado un equipo que se ocupaba de jugadores de la NBA con problemas de alcoholismo y drogadicción. El equipo estaba patrocinado por la NBA, y la mayoría de sus jugadores jugaban o habían jugado recientemente en la NBA. La NBA enviaba a los jugadores a John para ver si tenían alguna posibilidad de rehabilitarlos de sus adicciones, de forma que pudieran volver a un equipo de la liga. El propio John también había luchado contra la adicción a las drogas mientras jugaba en la NBA, pero descubrió cómo superarla antes de que fuera demasiado tarde. Por eso la NBA estaba dispuesta a apoyar su programa. Una vez que un jugador completaba todos los requisitos del programa, se le permitía volver a la liga. Y parte de su programa de rehabilitación consistía en que los participantes jugaran en su equipo de la USBL.

John me dio la oportunidad de hacer una prueba para su equipo, así que Cathy y yo volvimos a entrenar para ponerme en la mejor forma física y mental. Este era mi trabajo de nueve a cinco, entrenar y prepararme para lo que yo veía como mi oportunidad de hacer realidad mi sueño. Si John veía mi potencial y hacía una llamada, podía estar en la NBA. En el momento de mis pruebas, John tenía cuatro vacantes. Ya conocía el proceso que se seguía en estos casos: una exhibición de una semana de duración con selecciones diarias. Iban descartando jugadores cada día hasta que sólo quedaban diez. También había algo de política. Si algún miembro del cuerpo técnico te sacaba del partido para hablar contigo, era señal de que tenías más posibilidades de ser seleccionado. Había ochenta jugadores compitiendo por las cuatro plazas, y a mí me buscaban los entrenadores para cenar y socializar.

El último día de las pruebas me eligieron entre los diez mejores jugadores del campamento. Es decir, me había ganado la oportunidad de jugar en el partido de las estrellas, que era la exhibición final del proceso de selección. Aunque aquello fue un infierno, peleando con jugadores de la NBA en activo y jugadores semiprofesionales que intentaban entrar en la NBA, al terminar me comunicaron que había entrado. Iba a Florida para la prueba final en el equipo de John. ¡Lo había conseguido! Hice todo lo que tenía que hacer. Podía aspirar a una vida mejor para mi hijo. Salí del campamento y me dirigí a escape al hotel donde se alojaban Cathy y mi hijo, para compartir con ellos aquella emocionante noticia: ¡había pasado el corte final! Todo el trabajo duro y los sacrificios que hice me habían llevado a este momento.

Pero más tarde, esa misma noche, cuando todos nos habíamos ilusionado y estábamos emocionados, recibí una llamada devastadora. Uno de los entrenadores me llamó y me dijo que John había recibido a su vez una llamada de la NBA, y que tenían un jugador, un chico que necesitaban enviarle y que ocuparía mi puesto. John sólo tenía cuatro puestos para ofrecer en función de la posición. El puesto para el que me habían seleccionado, el de base, lo ocuparía ahora este tipo, así que yo me quedaba fuera.

En ese segundo, tras el impacto que supuso el anuncio de que mis sueños de jugar en la NBA volvían a truncarse, me rendí, dejé de intentarlo. En ese momento decidí que era hora de hacer otra cosa. Tenía veintiséis años, ya era demasiado viejo para seguir así, y no podía soportar otra vez la decepción. Me mantuve firme el tiempo suficiente para devolver a Marvin Jr. a su madre. Después de eso, me sentí como si hubiera descendido al infierno. La depresión me consumió por completo.

Capítulo 12

¿Cómo puede una persona trabajar tanto en una cosa y no alcanzar el éxito en ella? ¿Cómo es posible que tanta pasión por una cosa en tu vida no te conduzca al éxito final? ¿No es la pasión la fuerza motriz del éxito? En el momento en que la pasión de mi vida dejó de perseguirme, dejé de jugar. Pasé las dos semanas siguientes sumido en una profunda depresión. Estaba dolido y confuso. Aquello en lo que había puesto todo mi empeño me había fallado. Pasé aquellas dos semanas vertiendo mi dolor, confusión y desesperanza en un vaso y bebiéndomelo.

Bebía de dos a tres litronas diarias. Era mi medicina para ayudarme a procesar qué demonios estaba pasando. Luchaba contra la idea de que mis sueños se me escapaban. Me había matado trabajando y estaba en la mejor forma física de mi vida. Me había concentrado en lo que quería y fui a por ello. Tenía un objetivo. Iba a conseguir una forma de mantener a mi hijo mejor que nadie que hubiera visto nunca. Ayudaría a Andrea y a su familia a salir adelante. Mi pasión empezaría por fin a devolverme toda la sangre, el sudor y las lágrimas que le había dedicado.

Lo que hizo que la depresión fuera tan difícil de superar fue que nunca se me había pasado por la cabeza la posibilidad de no conseguirlo. No había previsto no poder lograrlo. Me aferraba a la idea de que era cuestión de tiempo que lo consiguiera, y cada vez me acercaba más a ello. Sin un plan B, no le encontraba sentido ni salida a aquella derrota. Beber no me ayudaba a olvidar ni a superarlo. Sólo me proporcionó un alivio temporal para adormecerme ante el dolor, el estrés, la decepción y la rabia que se agolpaban en mi interior desde que recibí la llamada con la que mi sueño murió.

Cambié el baloncesto por la bebida. Empecé a beber tanto que Cathy se preocupó por mí. Apenas había un momento en el que no tuviera una copa en la mano. Afortunadamente, como Cathy y yo nos mudábamos a un lugar más cercano al aeropuerto de SeaTac, Marvin Jr. nunca estuvo cerca para verme. Cathy se armó de valor y me echó en cara lo que bebía. Me pidió que dejara de beber y que volviera a jugar al baloncesto. Cuando se enfrentó a mí, ya había conseguido asumir que no estaba destinado a ser jugador profesional de baloncesto. Me dolió mucho admitirlo, pero tenía que llegar por mis medios a esa encrucijada.

Pero ni por esas dejé de beber. Es decir, oía a Cathy pedirme que lo dejara, pero ¿con qué iba a sustituir la bebida? El dolor y el daño no habían disminuido, así que seguí necesitando la medicina de la botella. Finalmente, al cabo de un mes, llegó el momento de volver a ser un padre sensato. Marvin Jr. ya empezaba a entender las cosas y no quería que me viera de esa manera bajo ningún concepto. Y además, también tenía que pensar cómo iba a ganar dinero para cuidar de él.

Cathy aceptó un puesto de entrenadora de baloncesto femenino en un instituto de Bellevue, en Washington. Me pidió que fuera su ayudante. En el fondo, no me sentía entrenador porque no había dejado de ser jugador. Hay un periodo de transición cuando cambias de pasión. Pero no tenía otras opciones sobre la mesa, así que le dije que lo intentaría, y aquel esfuerzo mío la hizo feliz.

En mi primer día como entrenador de baloncesto femenino de instituto, dos jugadoras entraron llorando en el gimnasio. Cathy se me acercó alarmada al verlas llorar y me preguntó:

—¿Pero qué has hecho?

Aquello fue un gran comienzo, porque yo ni siquiera me había acercado a aquellas chicas. No podría haber hecho nada aunque lo hubiera intentado. Así que le respondí:

—¿Yo? ¡Nada! "

Cathy se acercó a las chicas para preguntarles qué había pasado y entonces ellas le contaron habían sacado un notable en la clase anterior. Afortunadamente, la cosa mejoró y no fue a peor, ya que Cathy y yo entrenamos juntos.

Estuvimos entrenando al equipo femenino de baloncesto del instituto de Bellevue durante tres años.

Para salir de mi depresión, el entrenamiento resultó ser un salvavidas. Nunca lo habría pensado si ella no me lo hubiera propuesto. Cuando trabajé con aquellas chicas del instituto de Bellevue y vi cómo se desarrollaban, me di cuenta de que podía entrenar a otros y de que realmente me gustaba. Entrenar me proporcionaba la misma alegría que jugar, como si estuviera en la cancha jugando con las chicas. Tuve que aprender que podía seguir amando el baloncesto mientras entrenaba. Podía amar el baloncesto más allá de lo que necesitaba que me diera. Era para mí como estar casado o mantener una relación íntima. Estaba casado con el baloncesto.

Una vez que pude seguir bien el ritmo de entrenar, empecé a centrarme además en enseñar a mi hijo todo lo que enseñaba a las chicas. En mi opinión, después de trabajar con estas chicas, las mujeres son más duras que los hombres. Me encantaba entrenar a chicas porque sus umbrales de dolor y resistencia son mucho más altos que los de los chicos. Una vez que consigues su confianza, te son fieles siempre. No les importa nada más que el baloncesto. Con los chicos, toda gira en torno al ego de cada cual.

Teníamos en esa época un gran grupo de chicas que jugaban al baloncesto y conseguimos un gran éxito. Tanto que llamamos la atención de Jim Webster, un banquero inversor forofo del baloncesto que había puesto en marcha un programa de baloncesto femenino AAU llamado Seattle Magic. Se trataba de un programa nacional que colocaba a jugadoras de baloncesto de élite en posición de acceder a la universidad y recibir becas. Jim puso en marcha el programa porque su hija Karen no recibió un buen entrenamiento ni la visibilidad que él creía que merecía mientras jugaba al baloncesto en el instituto. Jim estuvo encantado de que Cathy y yo participáramos en el programa, que contaba con unos 325 niños y un presupuesto para el verano cercano a los 50.000 dólares.

Cathy, Jim y yo quedábamos para desayunar todos los sábados por la mañana en su cafetería favorita de Bellevue. Durante nada menos que diez veranos, entrenamos en el programa Seattle Magic. Nos convertimos en familia para Jim, su mujer y sus cuatro hijos. Vimos a su hija Karen destacar en baloncesto en el instituto y jugar cuatro años en la UNLV. Después de diez años viendo a Jim construir y dirigir este increíble programa, él se suicidó. Se fue con una escopeta a la segunda residencia familiar y se pegó un tiro.

Jim era un tipo asombroso. No sólo creó una oportunidad increíble para que las jugadoras recibieran la atención que merecían con el objetivo de pudieran jugar al baloncesto en la universidad, sino que con todos los participantes construyó una gran familia en la que conocía el nombre de cada miembro, sus antecedentes y sus habilidades como entrenador o jugadora. Dio esperanza a niñas a los que otros no habrían dado una oportunidad. Puso a algunas jóvenes estrellas del baloncesto en grandes universidades, donde su luz podía brillar de verdad. Jim me motivó e inspiró de mil maneras indescriptibles. Su muerte me rompió el corazón. Le quería y le respetaba de verdad. Me costó mucho aceptar su suicidio porque siempre que le veía estaba feliz y animado. Pero así es la depresión: en público, pones la cara que quieres que todos vean y vuelves a casa y sufres en silencio. ¡Yo y muchos le echaremos tanto de menos!

Tras la muerte de Jim, el entrenamiento cambió en mí. Empecé a pensar más en mi futuro y en el de mi hijo, y fue durante esta época cuando empecé a centrarme más en asegurarme de que él tuviera un futuro mejor. Llevaba a Marvin Jr. a todos los entrenamientos de los Seattle Magic. Mientras entrenaba a las chicas, lo llevaba a la pista para enseñarle a jugar. Aprendió a manejar el balón a los diez años de la mano de Sheila Lambert, una de las jugadoras de los Seattle Magic, una por la que Jim Webster se interesó seriamente. Sheila llegaría a batir todos los récords de anotación del instituto, no sólo los femeninos, sino también los masculinos. Sheila también se convertiría no sólo en una de las mejores jugadoras de baloncesto femenino de la Universidad de Baylor, sino también en la número siete del draft de la WNBA de 2002 para las Detroit Shock.

Cuando Marvin Jr. tenía unos trece años ya había echado muchas horas como entrenador junior conmigo y con Cathy. Se sentaba en el banquillo y observaba el partido. Cuando las chicas cometían un error o no hacían lo que les ordenábamos, Marvin Jr. era la primera persona que se acercaba para preguntarles por qué habían hecho o dejado de hacer aquello que se les había indicado. Cathy dijo una vez en un artículo que Marvin Jr. tenía mentalidad innata de entrenador. Sabía lo que yo iba a decir incluso antes de que lo dijera. Me di entonces cuenta de que de Marvin ya tenía el coeficiente intelectual propio de un estudiante de secundaria para el baloncesto. Había llegado el momento de que yo le guiara individualmente cuando no estábamos entrenando. Decidí que si quería impulsarle en serio, tenía que ponerme las pilas desde el punto de vista económico. Así que acepté un trabajo como aprendiz de gerente en una tienda de artículos deportivos en Silverdale, Washington.

Capítulo 13

Nochevieja de 2000

Andrea, su prometido y yo habíamos quedado para ir de fiesta de Nochevieja a una discoteca local para recibir el Año Nuevo; era un club donde uno de mis amigos de toda la vida trabajaba de portero (durante el día trabajaba para el condado ayudando a los niños). Él y yo nos sentamos en la entrada del local para ponernos al día. Andrea y su prometido entraron a bailar. Aquella noche, antes de que llegásemos al club, había tenido lugar una persecución en coche a alta velocidad: la policía de Bremerton estuvo persiguiendo a un joven, al que atraparon más tarde. Por eso, en el momento en que entramos en el club había mucha presencia policial al otro lado de la calle. Unas cuatro horas más tarde, Andrea y su prometido se acercaron a la entrada del club y decidimos irnos. La actividad policial seguía siendo intensa, pero era lógico en una noche como esa y con aquella persecución todavía sin resolver, tal abundancia de efectivos nos pareció normal. No obstante, los tres tuvimos claro que había que mantenerse alejados de los controles. Andrea y su prometido subieron a su coche, y yo subí solo al mío. Ellos giraron a la derecha y yo a la izquierda, colina abajo; en ambos casos, estábamos rodeando el dispositivo policial que había en la gasolinera frente al club. Pero cuando giré a la izquierda de la discoteca para salir del aparcamiento, me encontré con un agente de policía apostado a la salida.

Aquel agente me indicó que me detuviera y lo hice sin problemas. Bajé la ventanilla y, cuando el agente se acercó, le pregunté por qué me había parado. El agente no respondió a mi pregunta y, en su lugar, me preguntó si había bebido. Le dije que no había bebido y volví a preguntarle por qué me había parado. Me explicó que me había parado porque tenía la música demasiado alta. Me explicó que había una ordenanza sobre ruido en la ciudad. Ten en cuenta que me pararon en Nochevieja, en medio del estallido constante de fuegos artificiales. Le dije al agente que bajaría el volumen de la música, pero antes de que pudiera accionar el control de volumen, el agente metió la mano por la ventanilla y apagó el coche. Le dije que yo mismo habría apagado el coche si me lo hubiera pedido, pero él respondió obligándome a salir del coche. Estaba muy confuso. No tenía ni idea de por qué el agente se dirigía a mí de esa manera.

El agente intentó entonces sacarme del coche a la fuerza y, en ese momento, supe que aquel encuentro no iba a acabar bien. Así que cuando salí del coche, eché a correr hacia la cabina telefónica que había en la gasolinera. Quería llamar a Andrea para decirle lo que estaba pasando y que volviera rápidamente a buscarme. Pero cuando alcancé la cabina, otros dos agentes me agarraron y me sacaron de ella. Me decidí. No iba a cooperar con ellos y empecé a luchar por mi vida. Los agentes me rociaron con gas lacrimógeno, me tiraron al suelo y me dieron tantos golpes que me dejaron inconsciente. Cuando me desperté, me encontré en la cárcel, esposado y cubierto de sangre.

Los medios de comunicación publicaron historias sobre mi detención y con ello destrozaron mi reputación. Mi hijo se sintió avergonzado y fue objeto de burlas en la escuela por parte de los compañeros cuando se enteraron de aquello. Aunque pude llamar a mi hijo desde la cárcel para asegurarle que estaba bien y explicarle todo lo que realmente había pasado, fue muy doloroso hacerle pasar esa vergüenza. Al cabo de unos tres días, la señora Phillips y Cathy pagaron mi fianza, 20.000 dólares. Me despidieron de mi puesto directivo en Big 5 Sporting Goods porque no había podido presentarme a trabajar durante mi detención. Y al principio, cuando me soltaron, nadie quiso contratarme porque las noticias me habían pintado como un monstruo. Finalmente, el director deportivo del Olympic College me dio trabajo como entrenador del equipo femenino de baloncesto.

Fue un momento muy duro para mí porque sólo las personas que me conocían bien creyeron en mi inocencia. Contra viento y marea, mis allegados me apoyaron incondicionalmente. Mi viejo amigo Clark Whitney, contable local, y mi pastor, el obispo Robinson, de la Iglesia Apostólica Emmanuel de Bremerton, promovieron una campaña en la ciudad y sus alrededores para limpiar mi nombre. Habían vivido en Bremerton durante muchos, muchos años y conocían los problemas a los que se enfrentaba la gente de color con el Departamento de Policía local. Exigieron en mi nombre una audiencia con el jefe de policía para averiguar la verdad sobre mi detención. Mientras intentaban sacar a relucir lo que realmente había sucedido, los tribunales me citaron a juicio y el abogado de oficio me advirtió de que me enfrentaba a una condena de hasta siete años de cárcel por agresión en tercer grado a dos agentes. Si me condenaban, perdería mi derecho al voto, mi derecho a llevar un arma de fuego y el respeto de mi hijo, que no vería a su padre en siete años.

Cathy y yo decidimos que era hora de buscarme un abogado. No podía pertenecer a la comunidad local porque todo el mundo parecía decidido a creer al departamento de policía. Contratamos a un buen abogado de Seattle que conocía bien la mala conducta de los agentes de policía. Su primer paso fue contratar a un detective privado para investigar la conducta de los agentes del Departamento de Policía de Bremerton. Cuando el abogado recibió el informe del detective, nos aseguró que teníamos un caso muy sólido, pero que aquello nos costaría otros 20.000 dólares. Cathy y yo reunimos aquella suma y le contratamos para mi defensa. El fiscal intentó que aceptáramos un acuerdo reduciendo los cargos, pero a cambio el departamento de policía no tendría que admitir su culpabilidad ni pagar daños ni perjuicios. Nos negamos y llevamos el caso a juicio.

El juicio duró cerca de una semana, y tanto Clark Whitney como el pastor Robinson fueron llamados a testificar en mi favor. El emotivo alegato de Clark en el estrado por poco provocó que le acusaran de desacato. Utilizó su declaración para expresar su indignación por la forma en que el dinero de los contribuyentes se estaba gastando en aquel ridículo juicio. Tras esa semana de proceso judicial, fui absuelto de todos los cargos y el jurado pidió hablar conmigo personalmente al terminar su labor. Al comunicarme esto el Juez, nos explicó que en sus veinte años de experiencia, ningún jurado había pedido hablar personalmente con el acusado.

Así que me reuní con los miembros del jurado, uno de los grupos de personas más cariñoso y atento que había conocido nunca. Estaban indignados por el comportamiento de los agentes de policía. Me ofrecieron testificar a mi favor si optaba por demandar al Departamento de Policía de Bremerton por aquello. Y eso hice: les demandé por abusos policiales y gané. Aquella sentencia tardó en recaer todo un año, pero al final recuperé mi reputación y mi libertad, y conseguí que mi hijo se llevase una mejor impresión sobre cómo era la justicia realmente.

Mientras se celebraba el juicio, Marvin Jr. se estaba convirtiendo en una potencia del baloncesto.

Ya era uno de los mejores jugadores de baloncesto de instituto del país. Un amigo mío, Craig Murray, dirigía un programa de la AAU y me había pedido que Marvin Jr. asistiera a su campamento de baloncesto en la Universidad de Kansas, pero él sólo tenía quince años en ese momento y yo prefería que se quedara cerca de casa. No obstante, reflexionando sobre las oportunidades que podía dejar pasar si no iba, accedí. Craig era amigo de Danny Manning, ex jugador de la Universidad de Kansas y de la NBA. Cuando Danny se enteró de lo increíble que era Marvin Jr. unido a sus 1,90 m en aquel momento, se lo comentó al legendario entrenador Roy Williams. Así que cuando Marvin llegó al campamento aquel, el entrenador Williams pensó que, *con quince años, Marvin Jr. era demasiado avanzado para el nivel de los participantes del campamento y, en su lugar, lo puso a jugar en sus campamentos nocturnos, con jugadores más avanzados.*

Roy y Danny detectaron enseguida el potencial de Marvin y empezaron a enviarle ofertas de becas. En aquellos momentos, además, decidí inscribir a Marvin Jr. en un programa AAU de élite con sede en Seattle, que luego resultó ser uno de los mejores programas nacionales. Marvin conoció allí a algunos de los mejores jugadores del país, jugó contra LeBron James, Dwight Howard, Josh Smith y Al Jefferson, todos ellos elegidos en la primera ronda del *draft* de la NBA. La carrera baloncestística de Marvin Jr. realmente explotó cuando todavía era un junior en la escuela secundaria. Jugó en el Reebok Classic de Las Vegas.

Anotó cuarenta puntos contra el equipo AAU de Dwight Howard y Josh Smith, los Atlanta Celtics, donde solamente jugaban talentos de primera división. Marvin Jr., con sus quince años, anotó cuarenta puntos contra ellos y cometió una falta. Cuando abandonaba la cancha, el público le dedicó una gran ovación. Pero además, Roy Williams se fijó en él cuando lo sentaron en el banquillo, y pudo ver cómo Marvin Jr. daba agua a sus compañeros y se aseguraba de que tuvieran toallas. En vez de la típica actitud enfurruñada por no poder seguir en el juego, propia de cualquier jugador de su edad en el banquillo, aquí estaba Marvin Jr. comportándose como un auténtico compañero de equipo. Fue aquella actitud, junto a sus habilidades baloncestísticas, las que hicieron que Roy quisiera reclutarlo para su programa.

En 2001, durante un descanso entre campamentos de verano, pude cumplir con mi hijo uno de mis sueños. Tuve la oportunidad de llevar a Marvin a mi casa de Wallace. Por primera vez en su vida, con quince años, pudo conocer a mi madre y a mi padre. Aunque había desarrollado una gran relación por teléfono con sus abuelos, por primera vez pudieron abrazar a aquel nieto que veían por televisión y del cual tenían ya colección de recortes de periódico. Marvin les conquistó completamente en cuanto le conocieron en persona, sobre todo a mi madre, que tomó con él una actitud muy posesiva, hasta el punto de no consentir que nadie se le acercara ni le hablara, ni siquiera yo. Yo quería llevar a Marvin Jr. a jugar al baloncesto donde yo jugaba de niño, y mamá se negó en redondo. Fue un paso más allá y me mandó a mí, su padre, que lo dejara en paz. Me decía:

—Deja que disfrute y se relaje conmigo, Marvin, el chico no va a ninguna parte.

Había que entender que quisiera pasar el mayor tiempo posible con él, aunque eso no implicaba consentirlo. Por ejemplo, durante su estancia en Wallace, Marvin Jr. llevaba siempre consigo su pelota de baloncesto, a todas partes. Una noche incluso intentó dormir con ella en la cama. Mi madre intervino y le dijo:

—Cariño, yo te quiero, ¡pero no puedes llevarte el balón a la cama!

Marvin Jr. como persona respetuosa que es, hizo honor a su abuela y durmió sin el balón (aquella noche).

Fue increíble ver a mi madre interactuar con Marvin, tan atenta y cariñosa, pero también me pude dar cuenta de que ella había perdido aún más peso desde mi última visita. Una mañana, antes de que bajara Marvin Jr., le pregunté por qué había adelgazado tanto. Mamá hizo un gesto de indiferencia y me dijo que simplemente tenía una úlcera. Pero aquello me resultaba poco convincente, una úlcera no provoca esos efectos, y le insistí. Finalmente, tuvo que reconocer que había algo más: me explicó que diez años antes había sufrido un accidente de coche con mi hermano Bradford. Fue tan grave que tanto ella como mi hermano tuvieron que ser ingresados en el hospital. Mientras la examinaban, detectaron una pequeña masa en el estómago y le aconsejaron que se hiciera una revisión. Mamá nunca se la hizo y aquello se había convertido en un cáncer de páncreas.

En 2002, un año después de conocer personalmente a Marvin Jr., mamá falleció. Él no pudo volver a verla y ella no pudo verle jugar. Fue duro para los dos, pero creo que a Marvin le resultó especialmente difícil, siguió muy afectado por su muerte durante mucho tiempo. El baloncesto, también para él, fue una forma estupenda de procesar aquel dolor.

El verano de su tercer año de instituto fue increíble. Marvin Jr. no sólo se convirtió en uno de los mejores jugadores del país alcanzando la talla de Al Jefferson, Dwight Howard, Shawn Livingston y Josh Smith, sino que también se estaba convirtiendo en uno de los tres mejores aleros de instituto del país. Recibió ofertas de todas las universidades importantes, como las de Kansas, la de Kentucky, la UCLA, la de Florida, la Universidad de Carolina del Norte, la Wake Forest, la de Washington y la Gonzaga, por nombrar algunas. De diario veía en su casa bolsas y bolsas de cartas de todas esas universidades. Recibió tantas cartas que empezó a empapelar con ellas las paredes de su habitación hasta cubrir todos los espacios, incluso el techo. Pero a pesar de recibir tal cantidad de ofertas ya en su penúltimo año, decidió que lo mejor era esperar a ver qué le deparaba el último curso.

En su último año de instituto, Marvin Jr. medía ya 1,90 metros y empezaba a atraer la atención de los ojeadores de la NBA, que vinieron a Bremerton en verano sólo para verle jugar. Me había visto obligado a volver a trabajar para Big 5 Sporting Goods después de que me absolvieran de todos los cargos, pero cuando empezó aquel goteo de ojeadores, supe que necesitaba otro trabajo, en el que además no tuviera que aguantar las reminiscencias de mi caso, que persistían cada vez que entraba en la tienda. Así que conseguí otro puesto como gerente en Enterprise Rental Car, que me dio la flexibilidad que necesitaba para estar ahí para mi hijo y apoyarlo económicamente también.

El último año de Marvin Jr. en el instituto fue muy estresante para él, ya que todo el mundo le preguntaba qué iba a hacer al acabar. ¿Elegiría una universidad y continuaría su desarrollo, o se saltaría los estudios y entraría en el draft de la NBA? Nos unimos como una familia. Queríamos asegurarnos de que, pasara lo que pasara, Marvin Jr. estuviera satisfecho con su elección. Él, su madre y yo acordamos que trabajaríamos juntos cada semana y reduciríamos las posibilidades hasta seleccionar las cinco mejores universidades. Mientras tanto, su entrenador del instituto y yo le organizamos entrenamientos abiertos, para que los entrenadores de las universidades pudieran venir a verle jugar. Y vinieron muchos, de todas las grandes y de muchas otras. El más insistente era el entrenador Roy Williams, que al comienzo del último año de Marvin Jr. seguía trabajando para la Universidad de Kansas, si bien mediado el curso la dejó y aceptó el puesto de entrenador jefe en la Universidad de Carolina del Norte.

Capítulo 14

A través de los años, tanto si yo estaba jugando en la OC, como en la Warner Pacific, o en los partidos de baloncesto de mediodía en la Western Washington, o cuando estaba entrenando a las chicas en la universidad o la escuela secundaria, o durante los diez años que pasé entrenando para la AAU, o simplemente en cualquier rato con mis amigos de toda la vida que he hecho en y alrededor de mi apasionado amor por el baloncesto, he tenido la suerte de poder tener a mi hijo conmigo. Desde que nació, ha estado rodeado de baloncesto, y siempre aproveché la oportunidad de verter en él todo lo que aprendía. Yo era baloncesto, y eso transmití a mi hijo porque era lo que yo sabía hacer, y esa es la definición de padre para mí. Cuando estaba con mi hijo, le daba lo que tenía: baloncesto.

Andando el tiempo, mucha gente malinterpretaría nuestra relación, pensando que yo enfocaba mi interés en dirigir o preparar su carrera baloncestística más que en construir una relación paternal con él. Que quede claro que el baloncesto era nuestro trabajo secundario. Teníamos nuestros momentos y conversaciones privadas, esas que no quieres que nadie más escuche. Eran nuestros momentos. La gente quiere hacer creer que me pasaba el día presionándole y que le obligaba a hacer esto o aquello, como si yo fuera su punta de lanza para alcanzar la NBA, lo cual no se acercaba, ni de lejos, a la realidad. Mi objetivo con Marvin Jr. era convertirlo en un buen jugador de baloncesto de instituto. La verdad es que no se me pasó por la cabeza que pudiera llegar a fichar por Carolina, porque no conseguí prever lo alto que llegaría. Tenía claro que si le enseñaba estas habilidades, pasaría el instituto. Me sentía bien porque estaba haciendo algo bueno por mi hijo y mientras, además, estaba construyendo una relación con él. Me han llegado comentarios muy negativos, como aquel durante una entrevista, cuando el periodista, mirando su ordenador, me soltó:

—Tienes que preocuparte más por ser su padre que su mánager.

Esta gente no lo entiende. Ser padre es volcarte en tus hijos, entregarles todos los dones y talentos que posees para que ellos no tengan que empezar de cero. Eso es lo que siempre he rogado a Dios que me permita hacer por él.

En el verano de 2004, Marvin Jr. anunció que jugaría para la Universidad de Carolina del Norte, con el entrenador Roy Williams. El entrenador Williams fue, en mi opinión, el mayor fan de Marvin. Volaba semanalmente, le enviaba mensajes a diario e incluso llevó a su mujer en su primer viaje de reclutamiento para ver jugar a Marvin Jr. Lo que más me gustó de él fue su sinceridad durante aquella visita. Ni una sola vez le dijo a mi hijo que lo pondría inmediatamente en la alineación titular. Su única promesa fue que si Marvin Jr. se unía al equipo, la UNC ganaría un campeonato nacional. Le creímos y cumplió su promesa.

Luego, en 2005, cuando supimos que Andrea necesitaba operarse de la espalda, Marvin se presentó al draft de la NBA y fue elegido segundo en la general, jugando para los Atlanta Hawks. Desde aquel año, Marvin me ha hecho sentir especialmente orgulloso. Es un jugador, un padre, un amigo y un hombre increíble. Siempre con la cabeza bien alta, me ha enseñado que el amor lo vence todo. El amor vence todos los dolores del pasado, la influencia de nuestro entorno y las transiciones que debemos sufrir cuando las pasiones de nuestro corazón dan un giro que no esperamos.

El 29 de octubre de 2014, tras nueve años en la NBA, Marvin Jr. empezó su primer partido como jugador para los Charlotte Hornets. Este equipo es propiedad de Michael Jordan. Es impresionante descubrir que a veces, cuando crees que persigues una pasión, es esa pasión en realidad la que te persigue a ti. Dondequiera que mirara en mi vida, allí estaba el baloncesto. Cada vez que me encontraba en una encrucijada, el baloncesto estaba allí. Cada vez que perdí, amé o viví, el baloncesto estuvo presente. Nuestras pasiones son nuestras guías y, si nos dejamos llevar por ellas, definirán cada segundo de nuestra existencia. Darán sentido a este loco experimento llamado vida.

Pero una cosa sé con certeza en mi vida, hoy: te quiero, hijo.

Epílogo

En 2006, mi padre murió de cáncer de próstata. Yo estaba con él en el momento de su muerte. Fue de madrugada, solamente papá y yo estábamos despiertos. La casa estaba llena de familiares y allegados, pero todos dormían, y pude robar aquel momento para nosotros dos. Papá y yo disfrutamos de la compañía del otro y hablamos de muchas cosas. En un momento dado, justo antes de que llegara su hora, papá se volvió hacia mí y me dijo:

—Hijo, no dejes que nadie te critique. ¡Lo has hecho muy bien conmigo!

Aquello significaba mucho. Por fin recibía de él el amor que busqué toda la vida. Me había pasado mi existencia entera luchando sin saber por qué por ese amor que tanto necesitaba. Allí, junto a mi padre, recibí todo lo que luego volqué en amar a mis hijos. Probablemente por eso quiero a mis hijos Marvin, Demetrius, J'Tonn y Juwan como los quiero.

Mi padre estaba orgulloso del hombre en que me había convertido. Estaba orgulloso de las decisiones que tomé a lo largo de mi viaje. Oírle decir aquello puso fin a muchas de las angustias y temores que todavía me hacían sufrir. Me permitió dejarle descansar en paz, sin que nada quedara por decir entre nosotros.

Durante sus últimos años de vida, creo que mi padre disfrutó intensamente. Tras conocer su diagnóstico, tuvo la oportunidad de ver jugar al baloncesto a Marvin Jr. Incluso consiguió un asiento especial en el UNC-Chapel Hill Arena, que le regaló el difunto gran Dean Smith. Por ser abuelo de Marvin Jr., el entrenador le dijo que podía ocupar cualquier asiento del pabellón, y él eligió sentarse justo detrás de los jugadores.

Cuando Marvin Jr. aún jugaba en los Atlanta Hawks, papá vino a quedarse conmigo en Atlanta unos días y pudo ver a su nieto jugar al baloncesto profesional. Creo que esos son los momentos que no tienen precio y que debemos valorar. Porque la vida no nos está prometida, pero la promesa de vivir está al alcance de todos.

Sobre el autor

Marvin Williams Senior ha sido, entre otras cosas, miembro de la Marina estadounidense de 1983 a 1989 y entrenador de baloncesto durante más de treinta años, tanto en la escuela secundaria como en la universidad. Ha sido entrevistado en TNT Sports, CBS Sports y FOX Sports Southeast. También ha sido orador invitado en *The Tom Joyner Family Reunion*.

Actualmente es miembro de la organización *Fathers and Men of Professional Basketball Players* una organización dedicada a mejorar las relaciones entre los jugadores de baloncesto y sus padres y familias, y a proporcionar ayuda económica y tutoría a las familias necesitadas. Actualmente reside en Charlotte, Carolina del Norte, con su hijo y sus dos nietas.

Índice

Prologue..7
Introducción..11
Capítulo 1...15
Capítulo 2...29
Capítulo 3...41
Capítulo 4...49
Capítulo 5...63
Capítulo 6...71
Capítulo 7...97
Capítulo 8...107
Capítulo 9...119
Capítulo 10...131
Capítulo XI...137
Capítulo 12...147
Capítulo 13...155
Capítulo 14...165
Epílogo...169
Sobre el autor...171

www.ingramcontent.com/pod-product-compliance
Lightning Source LLC
Chambersburg PA
CBHW042320090526
44584CB00030BA/4076